Nicola Förg • Katharina Rücker

Das Glück dieser Erde

Unsere Pferdegeschichten

Nicola Förg • Katharina Rücker

Das Glück dieser Erde

Unsere Pferdegeschichten

rosenheimer

Inhalt

Prolog

G ene sind bekanntlich ein höchst komplexes Gebiet, die Wege der Vererbung sind noch längst nicht restlos entschlüsselt … Meine Eltern jedenfalls besaßen keine Pferdegene: Vater Förg fand ein Pferd so unnötig wie einen fetten Kropf, Mutter Förg hatte richtig fiese Hosenschisser-Angst. Bei wem oder was der Erbgang da wohl zum Sprung angesetzt hatte? Keine Ahnung. Woher ausgerechnet meine Pferdegene kamen, liegt im Dunkeln, aber eines ist sicher: Man kann nichts dagegen tun! Es gibt eine Genausstattung, die zu einem ernst-

»Ich glaube an das Pferd.
Das Automobil ist eine
vorübergehende Erscheinung.«
WILHELM II.

haften Defekt führt, dem auch erste Menschenmänner, Pubertät, Studienjahre und spätere Menschenmänner nichts anhaben können. Mag sein, dass bei vielen jungen Mädchen der Pferdewahn endlich mit fünfzehn oder sechzehn Jahren weicht, wenn eben all die interessanteren Ablenkungen kommen. Bei mir wich nix.

An dieser Stelle sei allen Vätern, Lovern, Ehemännern gesagt: Wenn es sich um einen echten und damit schweren Fall handelt, sprecht nie den kategorischen Satz: »Ich oder er!« (nämlich der Wallach mit den anbetungswürdigen Wimpern). Ihr werdet den Kürzeren ziehen.

Ich bin ein schwerer Fall. Die kleine Nicola Förg wurde in einer Zeit geboren, als es noch keine Pink Ponys gab, Barbie besaß noch kein Pferd, es sei denn man setzte sie auf eines aus der Plüschtiersammlung. Die Puppe trug bestimmt einen schweren Hüftschaden davon, weil sie so viel

7

reiten musste, auch auf Bären, Elefanten, Kängurus … Barbies Schwester Skipper litt auch, ja fast noch mehr! Damals wurde Barbie noch nicht nach den Ideen von Guido Maria Kretschmer oder nach Fotos von Heidi Klum eingekleidet. Einzig entscheidend war nur, dass das Outfit sich gut zum Reiten eignete!

Die kleine Nicola las viel. Genau genommen verschlang sie Unmengen von Pferdebüchern. Alle über Britta, die auf »Silber« siegte, und Besse, die Ponys bekam. Die kleine Leserin dachte ernsthaft über eine Auswanderung nach Schweden oder wenigstens England nach, denn dort gab es Ponyhöfe, Ponyturniere, tolle und wahnsinnig kluge und erfahrene große Mädchen, die Reitunterricht gaben. Zu Hause gab es einen Militäroberst, der durch die Halle brüllte, aber die Tränen flossen erst nach dem Unterricht, und der Mama erzählte man immer, dass es ganz toll gewesen sei … Nachts las die kleine Nicola unter der Bettdecke oder auch darüber, wenn keine Störung seitens ihrer Eltern zu befürchten war, die Nachtschlaf wichtig fanden. Für die kleine Leserin war Britta wichtiger!

Wo immer Familie Förg Urlaub machte, entschied über Gedeih oder Verderb der Erholung nur die Tatsache, ob irgendwo ein Pferd zu sehen war. Alle Ponyhöfe, auf dem bemitleidenswerte Ponys jedem Volldeppen für eine exakt vorbestimmte Runde anvertraut wurden, klapperten wir ab. Heute weiß ich, dass die Ponys gar nicht so arm dran waren, die hätten nämlich nichts getan, was über diese Runde hinausgegangen wäre. Und kein Vater im weiten Erdenrund hätte sie weiterzerren können. Wenn hundertfünfzig Kilo Shetty nicht wollen, lassen sie sich nicht bewegen, selbst wenn man Conan oder Schwarzenegger hieße!

Familie Förg reiste viel in die Schweiz, gerne nach Laax, denn die Eltern hatten Skigene. Und siehe da: In Laax gab es einen Islandpferdehof, der Winterausritte anbot. Da wollte das Kind hin! Vater und Mutter wandten ein, dass ich gerade mal fünf richtige Reitstunden hatte, dass das viel zu gefährlich sei und vor allem viel zu kalt. Der kleinen Nicola war schon damals eine gewisse Sturheit eigen, aber sie verfügte auch über

ein Gespür für Gerechtigkeit und erkannte messerscharf, wenn jemand sie zu manipulieren versuchte. Wer, bitte schön, führt Kälte als Argument an, wenn er selbst im Blizzard am Crap Sogn Gion Ski fährt? Geschenkt.

Das Kind ritt! Die Schweizer Reitlehrerin hatte keine Einwände, die kleine Nicola wurde auf einen uralten Isi gesetzt, den die Lehrerin als »Selbstfahrer« und »Mitläufer« bezeichnete. Man müsse nur oben bleiben, und die hoffnungsfrohe Jungreiterin teilte diese Auffassung voll und ganz.

Vater Förg jedoch lief sorgenvoll hinterher, was er gerade noch bewältigen konnte, wenn die Pferde im Schritt gingen, was im Trab aber schon kritisch wurde und im stiebenden Galopp unmöglich. Der Vater sah sein Kind schon im Rettungshelikopter auf dem Weg ins Klinikum nach Chur oder noch weiter droben, nämlich im Himmel. Als er schweißtriefend am Stall ankam, war die Reitertruppe schon längst angekommen. Das Kind strahlte, äußerlich und innerlich. Die Reitlehrerin merkte wohl, dass die kleine »Dütsche« keine Ahnung vom Reiten besaß, fand sie aber »lassig«. Ja lässig … das wäre wohl ein Wort gewesen, welches der Vater niemals in den Mund genommen hätte. Und das, was folgte, war selten lässig. Dafür aber wild, verwegen, zum Niederknien lustig, zum Heulen schön und zum Heulen traurig. Was folgte, war ein Pferdeleben …

Hansi –
Tausche Meerschweinchen
gegen Fjordpferd

Und es begab sich … Ja, man muss eine biblische Wendung bemühen, denn es handelt sich um einen wahrhaftigen Wendepunkt! Es begab sich, dass aus zwei Meerschweinchen achtunddreißig wurden. Es begann mit Moby und Manuel, wobei Manuel eben doch eine Manuela war. Irgendwie verloren wir den Überblick und hätten die Tiere beizeiten trennen müssen. Jedenfalls waren diese reizenden Lebewesen in einem Gartenschuppen mit Häuschen und Röhren und viel Platz untergebracht – nur leider war der Schuppen nicht mit einem Käfig zu vergleichen und ließ Schlupflöcher offen. Aus diesem Grund entkam immer wieder eine Meersau, die dann auf einem achttausend Quadratmeter großen Grundstück gejagt werden musste. Auch nachts, mit Taschenlampen und Kescher. Diese zermürbende Meerschweinchenjagd animierte meinen Vater irgendwann zu dem leichtfertigen Satz: »Wenn du die Scheißviecher weggibst, kauf ich dir ein Pferd.«

Dieses Angebot hörte sich nur in der ersten Euphorie gut an. Denn was sollte aus den armen Meerschweinchen werden? Die Rettung kam in Gestalt einer Tierschützerin mit Gaststätte, die in einem leeren Kuhstall unzählige Meersauen und Karnickel hielt. Da wurden die achtunddreißig zur Blutauffrischung untergebracht, und der Vater stand und staunte. Ihm dämmerte, dass er zu seinem Wort stehen musste. Ihm dämmerte, dass es kein guter Tag war, als im Anzeigenteil der Lokalzeitung – das war noch vor *ehorses.de* – ein Inserat für ein Fjordpferd erschien.

11

Die junge Pferdekennerin wusste von Fjordpferden aus ihren Pferdebüchern, wusste, dass die auch Norweger heißen, hatte aber noch nie eines leibhaftig gesehen. Das tat ihrer Euphorie keinen Abbruch.

Man fuhr zur Besichtigung ins Westallgäu, an die Grenze bei Neuhaus. Ja, es gab damals noch Grenzen in Europa, und hoch über dem Bodensee, kurz vor einem winkligen Tobel, lag die Grenze zu den Österreichern. Das Pferd gehörte einem Grenzbeamten, der auch noch zwei Warmblüter besaß und den Norweger abzugeben hatte, weil er mit den anderen Pferden schon genug beschäftigt war. Das Kind sollte Probe reiten. In Ermangelung eines Reitplatzes oder auch nur einer einigermaßen ebenen Wiese – hier strebte alles dem Tobel zu, das Allgäu halt – musste ein Feldweg herhalten. Zurück blieben der Grenzer und die Eltern, das Kind entschwand. Der Norweger mit dem harmlosen piepmätzigen Namen Hansi verfügte über die Statur eines kleinen Kaltbluts, er war ein Kaliber, und was für eines! Die Ansage, doch mal anzutraben, missverstand er und donnerte davon. Dabei wurden gleich zwei Zäune mitgenommen. Ein überaus motiviertes Tier, keine Frage. Eines, das nur sehr bedingt steuerbar und kaum anzuhalten war. Irgendwie gelangte das Kind an den Ausgangspunkt zurück und verkündete strahlend die Standardantwort: »War ganz toll!« Heute ist mir klar, dass der Grenzer um meine glatte Lüge wusste. Vielmehr war er heilfroh, dass das Kaliber einen Abnehmer fand. Das Pferd wurde gekauft, weil die Mutter fand, es habe so schöne Wimpern, und wenig später abgeholt.

Es wohnte kurz in der Nachbarschaft mit einem noblen Warmblut zusammen, wo sehr bald Ärger wegen Fragen der Reinlichkeit in der Stallgasse, Fragen der Fütterung und so weiter aufkam. Heute weiß ich, dass dies die Regel ist. Überall, wo Pferdeleute in einer sogenannten Stallgemeinschaft aufeinandertreffen, gibt es Probleme. Dafür reichen bereits zwei Personen. Jede weitere vergrößert das Destaster nur noch.

> »Jeder Wissende irrt sich, und jedes edle Pferd stolpert.«
>
> **ARABISCHES SPRICHWORT**

12

Damals aber türmten sich Fragen über Fragen vor einer 13-Jährigen auf, bar jeder Ahnung, abgesehen von den Pferdebüchern in ihrem Regal.

Hansi zog um, und zwar in den Gasthof, wo sich bereits die Meerschweinchen tummelten. Da stand noch ein Pony. Rasse: irgendwas mit zu viel Blut im Schädel, ein Augenroller, der stets am Rande des Nervenzusammenbruchs wandelte. Hansi hingegen focht kaum etwas an, Zäune am wenigsten. Er fühlte sich außerhalb davon sehr wohl, *»the grass is always greener on the other side«*. Vor Hansis Box waren schwere Balken in einen Torbogen eingelassen, durch die er hinausschauen konnte. Eines schönen Morgens döste das Fjordpferd im Hof. Die Box sah aus wie nach einem Sturmangriff. Das Pferd hatte sich so lange gegen die Balken gelehnt und geworfen, bis sie samt der halben Wand herausbrachen. Mit einem Abbruchunternehmen hätte Hansi viel Geld machen können!

Er verließ das Anwesen nie, nur eingesperrt wollte er nicht sein. Ein Freigeist eben! Hansi schritt gerne mal den breiten Gang bis zur Gaststube entlang und nahm an der Schank sein Bierchen, verdünnt mit Wasser. Hansi war Trinker und eine Attraktion! Neben dem Stall stand eine Tennishalle. Der weiße Sport war damals elitär und höchst beliebt. Wo sich heute die Natur Tennisplätze zurückholt und Tennishallen leer stehen, gab es schon um fünf Uhr in der unchristlichen Frühe Abschlagzeiten, bis weit in die Nacht hinein. Der freigeistige Trinker interessierte sich dafür und animierte seinen Kumpel zur Ortsbesichtigung. Es war Sommer, ein schöner Abend, das große Hallentor stand offen. Dort stellten sich die beiden Ponys auf, mit den Vorderhufen schon auf dem Hallenteppich. Die Köpfe der Ponys flogen mit dem Ball hin und her. Hansi kannte sich aus: 30:15, Vorteil Auf-

schläger. Mit diesem großartigen Auftritt schafften es die beiden Vierbeiner sogar bis in die Lokalzeitung.

Hansi war ein Showcharakter. Leider musste die Gastwirtschaft aufgeben, wahrscheinlich hatte Hansi sie arm gesoffen. Also zog er um, in die Nähe von Altusried, wo man ab und zu in die Reithalle durfte. Dort trainierte auch der bayerische Springnachwuchs. Ein vorlauter Jung-Springreiter in Ethelbert-Hose und polierten Stiefeln versuchte, uns zu provozieren: »Springt der Fettklops auch?« Natürlich sprang Hansi im Gelände schon, aber nur, wenn es sich nicht vermeiden ließ. Jede Form von künstlichen Hindernissen lehnte er aber ab. Er wusste ja schließlich, dass es einen Weg außen herum gab. In seiner Pferdbesitzerinnenehre gekränkt, drückte das selbst immer noch recht babyspeckige Ponymädel dem aufstrebenden Sportreiter den Klops in die Hand. »Probier's doch!«

Er schwang sich hinauf. Das Tier legte sofort die Ohren an. Begnadeter Warmblutreiter mit Zukunft trifft auf Hansi, die Tribüne füllte sich. Der junge Mann hatte einen Ruf zu verlieren, Hansi nicht! Der Reitersmann bemühte sich auf dem Hufschlag erst mal um eine Galopprunde, Hansi donnerte im extremen Trab dahin, die Tribüne tobte. Dann leitete der Springnachwuchs eine Wendung ein, geradewegs auf die Mauer zu. Die war zwar nicht sonderlich hoch, aber der Klops auch nicht. Es wurde mucksmäuschenstill. Hansi galoppierte. Zehntelsekunden trennten ihn von der Mauer. Zehntelsekunden nach der Mauer stand fest, dass er sie einfach plattgemacht hatte. Ein Fjordpferd weiß natürlich, dass das keine richtige Mauer aus echten Ziegeln ist. Die Szenerie glich wieder einmal einem Schlachtfeld, erste Lacher glucksten auf der Tribüne, dann kam tosender Applaus auf. Der zukünftige Springreiter stieg ab, leichenblass. Er drückte dem Ponymädel die Zügel in die Hand. »Der ist irr«, flüsterte er. Hansis Mauseöhrchen mit den schwarzen Spitzen klappten augenblicklich nach oben, als fragte er: »Können wir jetzt dann mal gehen …?«

Mit Hansi erlebte ich viele solche Momente. Etwa, als er bei der Fuchsjagd den Master überholte, weil ihm der einfach zu langsam ritt. Oder als er im Moor einsank und gottergeben wartete, bis ein Bergungstrupp anrückte. Als er über verschneite Flur galoppierte und in einem Loch strauchelte und Frauchen abflog und mit dem Gesicht in den verharschten Schnee einstach. Mit Hunderten kleiner Schnitte sah ich wie eine ausgepeitschte Sklavin aus.

Als Krönung unserer gemeinsamen Erlebnisse allerdings erwies sich das »Unternehmen Furt«. In Pferdebüchern, besonders solchen mit Cowboy- und Indianertouch, war das Durchreiten von Furten auf dem langen Weg nach Westen ein fester Bestandteil. Wie der Plan entstand, den Allgäuer Fluss schlechthin, die Iller, zu durchreiten, weiß ich nicht mehr.

Aber die kleine Ponyindianerin machte durch intensive Begehungen eine Furt aus. Sie berücksichtigte mangels Aufmerksamkeit in schulischer Erdkunde (später machte sie das durch ein Geografiestudium wett) nicht, dass sich Sandbänke in Fließgewässern verändern. Ach ja, zu ergänzen wäre noch, dass es außerdem geregnet hatte. Kübelweise.

Sie ritten also kühn vom Ufer aus hinein, Hansi planschte ein wenig, und weiter ging's, bis es ihm die Füße wegzog. Fließgewässer weisen auch Strömungen auf, die der Iller sind ganz schön heftig. Hansi schwamm. Die Möchtegernindianerin wusste aus ihren Büchern, dass man sich elegant neben das Pferd gleiten und mitziehen ließ. Irgendwie gelangten sie nach einer Ewigkeit ans gegenüberliegende Ufer. Leider war weit und breit keine Brücke in Sicht. Eine junge Bäuerin staunte nicht schlecht, als ein sehr nasses Mädchen und ein etwas gebeuteltes Pony bei ihr auf dem Hof vorsprachen. In einer Zeit vor Handys und grenzenloser Massenkommunikation war es kein leichtes Unterfangen, telefonisch meine Mutter zu informieren. Die wiederum musste irgendwie irgendwen mit Auto und Anhänger organisieren, um den abgetriebenen Fjord und seine Reiterin zu bergen. Die Bäuerin entpuppte sich als ehemalige Schülerin der Mutter, was das Strafgericht für eine kurze Zeit hinauszögerte.

Das Kind bekam Ärger, richtigen Ärger, und es gelobte feierlich, Furten fürderhin zu meiden.

Fjordpferde – Energie auf Abruf

Fjordpferde oder Norweger sind einfach großartig: Energie auf Abruf. Sie tragen kleine Kinder wie rohe Eier; wer sich hingegen als echter Reiter zu erkennen gibt, den prüfen sie. Es geht nur darum, wer am Ende sturer bleibt.

In Deutschland verbreitete sich das Fjordpferd erst nach dem Zweiten Weltkrieg, obgleich schon 1883 erstmals ein Exemplar dieser Rasse in Hamburg im Rahmen einer Landwirtschaftsausstellung vorgestellt wurde. Nach dem Krieg allerdings bestand plötzlich Bedarf an robusten Pferden für kleine landwirtschaftliche Betriebe, Gartenbauunternehmen und Forstwirtschaft. Aus Osteuropa (Huzulen, Bosniaken etc.) waren kaum Importe möglich, auch Haflinger standen nach dem Krieg selten zur Verfügung. In den Fünfziger- und Sechzigerjahren kamen die meisten Fjordis aus Dänemark – rund fünfzig Hengste und tausend Stuten, aus dem Mutterland Norwegen holte man nur fünfundzwanzig Hengste und etwa vierhundert Stuten.

In den Sechzigerjahren nahm der Bedarf an Pferden in der Landwirtschaft stetig ab, gleichzeitig wurde Reiten als Sport allmählich populär. Höhere Töchter suchten nach schicken Reitpferden, oder, wenn's auch eine Nummer kleiner sein durfte, schicken englischen Reitponytypen. Fjordpferde waren nicht »in« und sind bis heute nie eine Moderasse geworden. Gut für das Fjordpferd, ihm sind alle züchterischen Experimente erspart geblieben. Es wurde nie »auf Teufel komm raus« gezüchtet, wie man das bei Quartern oder Friesen getan hat.

Ein weiterer Pluspunkt des Fjordpferdes: Es sieht dem Przewalski-Pferd noch sehr ähnlich und trägt die sogenannten »Wildzeichen«, nämlich den Aalstrich auf dem Rücken und die Zebrastreifen an den Beinen. Fjordis zeigen alle Schattierungen von Falb: Graufalb, Rotfalb, Dunkelfalb, Hellfalb. Neben den bereits erwähnten Eigenschaften muss man außerdem auf einen guten Schritt und vor allem einen raumgreifenden Trab achten.

17

Ungarn –
Reiten wie die Husaren

ach meinem Schulabschluss zog ich zum Studium nach München um. Hansi sollte auf einem Ferienhof Kinderreitpony werden. Es reichte nur zum Beistellpferd, er wurde fett und musste nach Jahren wegen Hufrehe leider abtreten. Damals hatte man die Wirkung überdüngter Kuhwiesen in Bayern auf den nordischen Pferdestoffwechsel noch nicht erkannt.

Man ritt in München in der Unireitschule – genau einmal, Pferdearsch an Arsch, von Edles schlürfenden Jurastudenten begafft –, das war nichts für mich. Im Unireisebüro stieß ich auf eine Reiterreise nach Ungarn. Ich nahm einmal und danach mehrmals im Jahr teil, frei nach dem Motto »Holla, die Waldfee«. Dort gab es genau zwei Gangarten: Stehen (bleiben) und Kampfgalopp. Die endlosen Weiten der Puszta, nichts als Sandböden, gesegnet mit der fatalen Kühnheit der Jugend, verlebten wir heiße Reitsommer voller Galoppaden, Fröccs, Pálinka und Unicum. Dazu die Csikosen, die Pferdepfleger, die Tibi, Miki, István, László hießen …

Diese ungarischen Reiterhöfe, Tanyas genannt, waren Zauberberge – allerdings ohne Berge. Unserer, Magony Tanya, war ein Mikrokosmos, wo skurrile Menschen den Hofraum wie Satelliten umkreisten: Der kleine Schwabe, der immer nur Hengste reiten wollte, Möchtegernmacho mit Pornobremse als Bart, selbsternannter Reiseleiter, der allen immer die Welt und das Reiten (!) erklärte. Ein paar bizarre Holländer, ein paar Schweizer, eine Psycho-Linzerin und die rothaarige Schönheit aus einem

gruseligen Sprachraum bei Heidelberg, die einen der Köche anhimmelte. Der seinerseits aber auch andere Damen … äh, bekochte.

Meine Freundin Pia war stets dabei. Und während der ganzen Fahrt von München bis Kecskemét musste sie die immer gleiche Pet-Shop-Boys-Kassette (!) hören. Erst als wir in den Sandweg zur Tanya einbogen, wurde die Musik ausgeschaltet. Andächtige Stille, Magenhüpfen, leichte Übelkeit. Wir waren wieder im unbändigen Strudel aus Pferden und Gefühlen angekommen.

Eines Tages tauchte ein gewisser Peter aus Wien auf. In Breeches-Hosen, mit gestärktem Hemd. Er sah aus wie ein Herrenreiter. Er erklärte uns in der kleinen Eisdiele in Ágasegyháza, steif auf dem windschiefen Schemel hockend, er habe »Jus inskribiert«. So redet man halt in Wien, und Pia und er sind noch heute ein Paar …

Alle ritten immer am besten, immer am längsten. Wir waren alle viel zu sehr in unserem Elfenbeinturm gefangen, um wahrzuhaben, dass es mit der Haltung der Tiere nicht immer zum Besten stand. Pferde kaufte man auf Zigeunermärkten, sie waren billig und jederzeit ersetzbar. Ja, wir ließen uns einlullen von unseren eigenen Beteuerungen, durch das viele Reiten hätten die Pferde genügend Bewegung. Aber ein Pferd muss frei sein, muss sich wälzen dürfen und unter dem Firmament dahingaloppieren. Ende der Achtzigerjahre, noch vor der Wende, wirkte diese Welt hinter dem Eisernen Vorhang betörend – und war doch so falsch!

Wir ritten auch im Váristálló in Sümeg. Die Pferde standen damals auch hier in Ständern, anders als in der wilden Puszta war das schon ein etwas gepflegterer Stall. Kaum lag der Ort Sümeg, der unter der markanten Burg kauert, hinter uns, kletterten die Pferde steile Waldpassagen ins Bakonygebirge hinauf, und dort, auf einer Art Hochebene, begann eines der schönsten Reitreviere Europas: lichte Laubwälder, weite Wacholderhaine und struppige Wiesen. Wer zu Hause immer nur im Dressurviereck getrottet oder getrabt war und beim Reithallengalopp

nach ein, zwei Runden wieder Anschluss an die Abteilung gesucht hatte, musste schleunigst etwas für die Kondition und die Muskeln tun. Die war nämlich zum reiterlichen Überleben in Ungarn unerlässlich. Häufig mit von der Partie war Erwin, Neurochirurg aus Wien, kühn auf dem Pferd, noch kühner beim abendlichen Trinken. Peter, der mit dem Jus, bezeichnete sich als »Kriegsreiter, der alles reitet, was er kriegt«. Ich bekam immer Indy, eine kleine gescheckte Stute in Pony-Endmaß-Größe: Ehrgeiz und Power ohne Ende. Ich wollte Indy immer kaufen, aber mangels Geld und mangels Mut tat ich es nie. Europa war noch nicht so durchlässig, Ungarn so weit weg, es gab viele Grenzen in Ländern und Köpfen!

Eine beim Suhlen gestörte Wildsau sprengte in den Wald. Zweige flogen vorbei. Naturhindernisse wie umgestürzte Baumstämme sah man verdammt spät. Ein Hoch auf die Vierbeiner, die auch ohne Hilfe des Reiters zuverlässig sprangen. Nach zackigen zweieinhalb Stunden rann Fröccs (Wein, mit Sodawasser gespritzt) glatt die Kehlen hinunter, und fast wie durch ein Wunder linderte das Gemisch alle Rücken-beschwerden im Nu. Der erste Tag war immer Aufgalopp für einen Tagesritt. Zwei hatten anderntags bereits die Segel gestrichen und beschlossen, die Tagesetappen per Kutsche mit Betty und Dollar zu bewältigen, was den eklatanten Vorteil hatte, dass die Kutschen-Crew für das Catering sorgte: Geschnetzeltes, Gewürze, Kartoffeln, Zwiebeln, den Topf mit dem Drei-bein, um draußen unser Mittagsgulasch zu kochen. »Pörkölt« heißt das auf Ungarisch, »Gulyás« bezeichnet im Land der Magyaren eine Suppe.

Chef Robert begleitete die Reitgruppe, und mit Robert zu reiten war eine Offenbarung. Er kannte jeden Baum, jeden Strauch, jede Rinne im weiten Umkreis und konnte es sich leisten, Luftlinie zu reiten. In Roberts

Traumreich hingegen zählte einzig die Himmelsrichtung. Irgendwo im Nirgendwo ritt er auf eine undurchdringliche Hecke zu, bog einige Zweige zur Seite, duckte sich, wir folgten. Die Hecke schlug wie eine Dornröschenmauer hinter uns zusammen, aber vor uns lag ein Weg. Wir trabten über ein Feld, das Schafe abgeweidet hatten, nur mittendrin, ganz unvermittelt, war ein Streifen stehen geblieben.

»Ein böser Platz«, sagte Robert und sprengte von dannen, weiter zum Mittagsrastplatz. Ein Turm ragte in den Himmel, mutterseelenallein: der Csonka-torony, über tausend Jahre alt und letztes Überbleibsel eines Dorfes, das von der Tartarenzeit bis zu den Türkenüberfällen besiedelt und dann im achtzehnten Jahrhundert verlassen worden war. Nun ist eine wechselvolle Geschichte nichts Besonderes in Ungarn, aber hier im

Niemandsland sind solch beredte steinerne Zeugen ungleich eindrucksvoller. Wir aßen, tranken, Zeit und Raum schienen sich aufzulösen. Die Sonne zog ihre Bahn, Picknick-Pferdedecken müffelten pferdigledern. Aber irgendwann mussten wir uns von diesem verzauberten Ort trennen. Denn Roberts Schatzkiste an magischen, bizarren oder schicksalsträchtigen Plätzen war unerschöpflich: Odörog uj dörögd etwa, eine Art Geisterstadt. Hier trainierte das Militär früher den Häuserkampf. Außerdem wurden in diesem Ort Kampfszenen des Napoleon-Films mit Gérard Depardieu und Christian Clavier gedreht. Robert kam mit vierzig Berittenen und war fasziniert: »Die stellten die Schlacht von Waterloo nach, Tote lagen herum und blutende tote Pferde. Ich war schockiert, bis ich merkte, dass die aus Plastik sind, die sahen so echt aus! Nach dem Dreh kam ein Typ, der das blutende Pferd einfach schulterte und ging.«

Ein neuer Tag, ein neues Spiel: Reiten mit den bunten Hunden! Robert besaß dreißig Jagdhunde der Rasse Tricolore. Jedes Tier hatte einen Namen. Die Luft vibrierte, die Pferde waren noch motivierter als sonst. Robert brüllte Befehle, wer wo zu reiten und wer welche Seite abzudecken hatte. Indy flog geradezu zur Tête. Alles lief ab wie im Zeitraffer. Die gescheckte Stute, die bunten Hunde – die Landschaft war wenig mehr als ein Zerrbild. Heiße Neunzig-Grad-Kurven, immer wieder kurze Verschnaufpausen, denn die Hunde mussten auf die Hornsignale reagieren. Indy scharrte mit den Hufen: Geht's bald weiter? Es ging weiter, schneller als die Husaren. Ach Indy, wie dumm war ich damals!

Und dann war da einer dieser Ritte in der Puszta, beschwingt vom Fröccs: Nach der Mittagspause irgendwo im Nirgendwo der sirrenden Puszta schlug der Csikos einen leichten Galopp über ein Stoppelfeld an. Mein Pferd, ein schweres Warmblut, das zum Stolpern neigte, zog die Vorderhand ein und schlug einen Salto. Angeblich war meine letzte Frage, ob's dem Pferd gut ginge. Dann lag ich bewusstlos zwei Stunden in der Puszta. Von der Autofahrt nach Kecskemét ins Unikrankenhaus bekam ich nichts mit.

Man wagte sich kaum vorzustellen, wie andere Krankenhäuser im Land aussehen mochten, wenn das hier das »Universitätskrankenhaus« war. Ich erinnere mich daran, dass ich relativ nackt auf einem eiskalten Röntgentisch lag. Mir war sterbenselend. Wie durch ein Wunder hatte ich mir nichts gebrochen, »nur« eine schwere Gehirnerschütterung, und alles war geprellt, was man sich an einem Körper prellen konnte. Der Wallach war mir beim Aufrappeln in den Oberschenkel gesprungen, der Abdruck des Eisens leuchtete über drei Monate in allen schillernden Farben des Malermeisters Bluterguss, bis er sich bräunlich verfärbte und verblasste. Die Stelle ist heute noch sichtbar.

Ich lag in einem Zehnbettzimmer, dazwischen standen noch Kinderbetten. Schreie, Kreischen, brüllende Angehörige, so musste die Hölle aussehen. Die erste Mahlzeit war ein Rosinenbrötchen mit superfetter Leberwurst, der Anblick allein genügte, um – nun ja … Am Tag zwei versuchte ich, an Krücken ins Badezimmer zu gelangen, um den Sand vom Körper zu waschen. Die Badewanne war ein Biotop. Ich flehte meine Freunde an, mich da rauszuholen, was sie auch veranlassten, inklusive einer Autofahrt retour nach München. Ziemlich mutig, mit einer noch frischen Gehirnerschütterung. Dafür büßte ich mit zwei Wochen strenger Bettruhe in einem abgedunkelten Raum, inklusive Sehstörungen.

Ich hatte keine Angst, als ich nach Monaten wieder auf ein Pferd stieg. Aber ich hatte die Unschuld verloren. Ich war eben doch nicht unverwundbar.

24

Wie sehen Pferde?

Pferde sehen die Welt anders, sie nehmen kein Rot wahr. Wissenschaftler gehen daher davon aus, dass die Tiere Farben ähnlich sehen wie Menschen mit Rot-Grün-Schwäche. Pferde können Blau und Gelb am besten erkennen, weswegen das Ausbildungssystem der Dual-Aktivierung® nach Michael Geitner wirklich sinnvoll ist. Auch Pferde verfügen wie beispielsweise Katzen über ein *Tapetum lucidum* und sehen Tag und Nacht ganz hervorragend. *Tapetum lucidum* nennt man eine reflektierende Schicht im Auge, die hinter der Netzhaut des Auges vieler nachtaktiver Tiere liegt. Diese Schicht spiegelt das auftreffende Licht, das die Netzhaut dadurch noch einmal passiert. Die Reflexion wird durch Zink-Cystein, Salze, Farbpigmente oder kristalline Einlagerungen erzeugt. Die querovale Pupille kann sich bei starkem Lichteinfall zusammenziehen. Pferde sind Fluchttiere und müssen Feinde schnell erkennen. Deshalb haben sie große Augen seitlich am Kopf, ihr Blickfeld umfasst beinahe dreihundertsechzig Grad. Direkt vor der Pferdenase liegt ein toter Winkel von fünfzig bis achtzig Zentimetern, auch direkt hinterm Schweif ist Sichtstopp. Es ist also nach wie vor richtig, Kindern zu empfehlen, nicht direkt von hinten an das Pferd heranzutreten. Die Bilder aus den beiden Pferdeaugen werden im Gehirn zusammengefügt. Das linke Auge ist mit der rechten Gehirnhälfte verbunden, das rechte Auge mit der linken. Wenn nun der »dumme Gaul schon wieder scheut«, vor etwas, was er doch kennen sollte, dann liegt es daran, dass diese Bildverknüpfung nicht funktioniert und das Pferd etwas einfach nicht wiedererkennt. Forscher fanden heraus, dass Pferde meist wegen des linken Auges scheuen, weil rechts das emotionale Gehirnzentrum liegt. Da sich die Augen so weit außen befinden, können Pferde nur in einem Bereich von fünfzehn bis zwanzig Grad räumlich sehen, ansonsten nur zweidimensional. Gerade weil das so ist, sollte man dem Pferd immer gestatten, den Kopf zu drehen, um sich etwas anzusehen. Das ist keine Marotte oder kein Ungehorsam, sondern eine Notwendigkeit!

Falco und Vicky –
Fjordpferdeschädel
ticken eben anders

eine wilden Ungarn-Ritte weckten natürlich den Wunsch, auch zu Hause zu reiten. Die Erfüllung kam in Form eines Haflingers namens Niko – nur war der im Prinzip unreitbar. Da es aber keine Problempferde gibt, nur Problemmenschen, begann mein Abenteuer mit Niko. Es gab Tage, da überlebten wir unsere Ausritte, an anderen gab es immer den Punkt X, an dem der Knabe nicht weiterwollte. Er buckelte, stieg, ging rückwärts. Wir landeten in fremden Garagen, Gartenmöbeln, einmal im hohen Winter bei zapfigen Minusgraden fast in einem munter plätschernden Bach mit sehr steiler Böschung. Das war mir dann doch zu kalt, das Kräftemessen ging zu seinen Gunsten aus.

Niko wurde schließlich von seiner Besitzerin in einen Westernstall gestellt, in dem eine sehr junge, sehr gschnappige Welt- und Europameisterin agierte. Dort banden sie Niko nach unten aus und ließen ihn tagelang in dieser Haltung in der Stallgasse stehen. Er war gebrochen. Er startete danach sehr erfolgreich auf Westernturnieren, man jubelte, wie toll so ein Haflinger doch im Reining ginge. Als ich ihn einmal bei so einem Auftritt sah, wirkte er wie ein Untoter, der mechanisch seine Pflicht tat. Das war einer der bittersten Momente in meinem Reiterleben. In mir wuchs die Überzeugung, dass viele »Pferdegurus« und »Flüsterer«, wohl alle Lehrmeister, eines außer Acht lassen: das Individuum. Sie stülpen ihre Methoden Mensch und Tier über, ob sie nun passen oder nicht.

Niko überzeugte mich davon, wieder ein Pferd zu kaufen. Ich schaute mir einige an, auch Quarter – am Ende hatte ich immer das Bild von Hansi vor Augen. Also wieder ein Fjord. Bei einem Züchter in Pöttmes gab es zwei Wallache, die in Frage gekommen wären. Dreieinhalb und viereinhalb, der ältere wäre mir eigentlich lieber gewesen, aber der zeigte sich an einem knarzenden Tor gleich mal etwas schrickig und guckig, während der Jüngere am Kumpel vorbei auf den Platz stürmte. He, da bin ich! Ja, da war er.

Falco, mein erstes vom eigenen Geld bezahltes Pferd! Oder Pony! Wir holten ihn wenig später ab, ein befreundeter Turnierreiter mit einem Luxus-Polyhänger verlud das Pony, wir fuhren hurtig auf einer Schnellstraße, als unentwegt Autos von hinten aufblinkten. Edgar fuhr rechts ran, das Auto hinter uns hielt, heraus sprang eine aufgelöste Frau: »Ihr verliert euer Pferd!« Die Rampe war außen zerkratzt, Falco stand falsch herum drin, er hatte sich wirklich umgedreht und versucht, aus dem Hänger zu springen. Bei achtzig auf der Schnellstraße, dabei hatten wir ihn vertäut wie ein Paket! Ich hatte einen Houdini gekauft! Weil Edgar befürchtete, das Tier ginge gar nicht mehr in den Hänger, entfernten wir die Mitteltür und drehten das Pferd irgendwie im Hänger um. Ich war überzeugt, dass es schwer verletzt sei und den Weg zum Schlachter antreten müsse. Es gibt ja diese Lebenssituationen, die die längsten »Minuten eines Lebens« bescheren, bis wir am Stall waren, sind Zeitalter vergangen. Nach dem Ausladen sah sich der Fjord um. Er hatte sich eine ordentliche Portion vom Schweifhaar ausgerissen. Dann betrat er ein Paddock und wälzte sich erst mal herzhaft. Während wir drei Schnäpse hinunterstürzten und unser Zeitgefühl sich wieder auf Normalmaß umstellte, fraß Falco seelenruhig … Das kann er bis heute am besten, abgesehen natürlich von Knoten öffnen und Türriegel auffummeln.

Weil er jung war, gingen wir viel spazieren. Ich setzte mich kurz auf ihn drauf, später länger, der Fjord glotzte doof, das war's an Auflehnung.

28

Deutlich später allerdings befand Falco, dass Reiter unnötig sind. Da er aber mit Buckeln nicht weiterkam, ließ er sich einfach fallen. Klapp, einfach zur Seite. Besagter Edgar, der gerade seinen Riesenspringer longierte, war fassungslos: »Der lässt sich einfach fallen, die kleine Sau!« Tja, äh, das tat er wohl. Eines Tages standen wir am Wegesrand und plauderten mit Gisela, einer spät berufenen Reiterin, auch mit Fjordpferd, die sehr ängstlich war. Ich wollte ihr gerade wortreich erzählen, wie ungefährlich Reiten ist, wie schön, wie belebend – schwups, da lag der Norweger wieder. Das war nicht geeignet, Gisela die Angst zu nehmen …

Der Fjord blieb Fjord: quadratisch, praktisch, gut! Leichtfuttrig dazu, und das war halt die Crux bei den Einstellbetrieben. Große Ställe haben ihre klaren Abläufe, misten vormittags und stellen die Pferde dann auch gerne mal ins bereifte Gras. Die Bauern, die auf Pferde umgestellt haben, glauben oft, das Pferd sei eine Kuh. Raus auf die Sommerweide im April, rein im Oktober. Gras satt, und so muss man zu Hause auch nicht misten … Aber all die nordischen Ponyrassen sind genetisch darauf ausgelegt, aus Dornen, Moosen und Flechten noch Energie zu ziehen. Eine überdüngte bayerische Bauernwiese ist pures Gift für sie.

Der eigene Stall war die einzige Rettung, der Traum vom Bauernhof. Den realisierten wir erst später, nach all den Erlebnissen mit den Einstellbetrieben, den Fütterungsfehlern, den eigensinnigen Bauern. Wir kauften und renovierten ein solches altes Bauernhaus. Kein Wasser, keine Heizung, kein Bad. Ein titanisches Projekt! Die ehemalige Tenne sollte der Stall werden, wir fuhren schubkarrenweise Schutt, Dreck und Staub heraus. Das lockere Material kippten wir über einen steilen Hang, der später wieder befestigt werden sollte. Weil der Fjord so ein ruhiger und verfressener Kamerad war, durfte er im Garten grasen. Irgendwann war er weg. Den eingezäunten Garten konnte er aber nicht verlassen haben. Ich umrundete einen alten Troadstadl, der neben dem Hang lag – im Hang fand ich den abgestürzten Fjord. Er saß auf dem Hintern und war mit der Vorderhand unter ein Brett gerutscht. Jede Panikattacke hätte dazu geführt, dass er sich überschlagen und das Kreuz gebrochen hätte. Ich hockte also neben dem Pferd, das Brett saß bombenfest, der Fjord war gefangen. Hysterisch rief ich um Hilfe. Eine scheinbare Ewigkeit später kam ein Nachbar und durchtrennte das Brett mit der Motorsäge. Der Fjord hockte die ganze Zeit im Steilhang. Sein genervter Blick fragte: »Habt ihr's dann bald mal?«

Zurück zu Vicki, die besagter Gisela gehörte. Gisela ist der ideale Kandidat für eine der vielen Kochsendungen im Fernsehen. Vor ihr liegt kunterbuntes Obst und Gemüse, die Auslage jedes wohlsortierten Supermarkts würde daneben verblassen. Ihre Messer sind von der teuersten Sorte, Tim Mälzer würde sie lieben. Gisela ist nicht *born to cook*, sie ist *born to schnippel*, und sie zerkleinert mit Inbrunst Mangos, Kiwis, Papayas, Karotten, Birnen, Äpfel, Bananen und so weiter. Sie zelebriert das akkurate Schneiden, die Stückchen sind gleich groß: hübsche kleine Würfelchen!

Dann gibt sie das Ganze in eine hellblaue Schüssel und gießt liebevoll etwas Leinsamenöl drüber. Nun runden noch Haferflocken das Kunstwerk ab. »Buntes Potpourri an ganzer Haferflocke« verhieße die Speisekarte eines Gourmetrestaurants, nur dass es hier um Pferdefutter geht. Stute Vicky bekam jeden Tag so einen Obstsalat.

Gisela gehört zur Kategorie der »spät berufenen Retterinnen«. Sie rettete ein armes Schulpferd und begann erst in fortgeschrittenem Alter, selbst zu reiten. Gisela machte alles falsch, was man falsch machen konnte. Sie ließ sich von diversen Reitlehrerinnen, die Heinzi Pimpelkamp oder Magic Horseman oder wie diese Leute auch heißen mögen, nacheiferten, teuren Reitunterricht und Sättel aufschwatzen, teurer als Kleinwagen! Eins erreichten sie nicht: dass Gisela reiten lernte, oder besser, ohne Angst reiten lernte. Und sie erreichten, dass Vicky immer widerspenstiger wurde. Nun war Vicky halt auch »nur« eine Norwegerstute, rassebedingt weder zur Panik neigend noch ein Pferd, das sich vor lauter Energie umbringen wollte. Sie war einfach ein kleines liebes Pferd.

Und irgendwann gelang es, Gisela zu einem gemeinsamen Ausritt zu überreden, dabei vom minimalinvasiven Reiten zu schwafeln und vom Kernsatz: Stör du sie nicht, dann stört sie dich auch nicht. Das würde man nicht jedem empfehlen, aber bei Vicky war es wie eine Offenbarung. Die Reiterin zog mal nicht vor lauter Panik das Gebiss auf Anschlag, sie entspannte sich und sie genoss das Pferd unter sich! Vicky war im Grunde eine Mitläuferin, und genau das konnte sie nun ungestört tun: hinterherlatschen. Die beiden hatten einige gute Jahre – ohne Gurus, ohne Reitweisenwechsel, ohne teure Sättel.

Leider wurde Gisela krank – am Ende übernahmen wir Vicky. Das Pferd litt da schon an Morbus Cushing, aber sie hielt sich dank Medikamenten und guter Pflege wacker. Wir nannten sie nur noch den »Teppich«, wegen ihres Flokatifells. Sie wurde mehrmals im Jahr geschoren, weil sie ganzjährig Winterpelz schob. Wir gaben ihr unsere Liebe, bis zum Frühsommer 2012, als sie auch noch erblindete und wir sie in den

Pferdehimmel schicken mussten. Vicky hatte immer gute Pferdekumpels und einen großen Fanclub. Ohne sie würde eine ganz Reihe von Mädchen heute nicht reiten. Vicky hat Großes geleistet: ein kleines Pferd, das ein bisschen stur, ein bisschen tragisch dreinblickend, immer individuell, immer kooperativ war und immer eine gesunde »Leck-mich-am-Arsch«-Einstellung hatte.

Obwohl Vicky mit Gisela schließlich ganz zufrieden war, schien sie mit der Futterexotik überfordert. Mangos und Papayas sind nicht direkt die klassische artgerechte Ernährung für ein norwegisches Pferd. Eigentlich gilt das für jedes Pferd! Vicky schlabberte deshalb auch nur die Hälfte – eben aus Höflichkeit –, aber ihr Kumpel Falco, gemütvoller Essens-Staubsauger, der er war, fraß jedes Mal den Rest. Für ihn hätte es auch der Mörtel aus den Wänden getan! Gisela erlebte eine herbe Enttäuschung, als eine Tierärztin ihr sagte, dass Pferde kein Vitamin C brauchen, weil sie es selbst herstellen können. Obstsalat war damit passé, nun bekam Vicky aber ein Algenkonzentrat, Schwarzkümmelöl und irgendeinen Abrieb von einer Muschel. Das alles wurde mit einem Spezialfutter für Westernpferde vermengt und dann der Stute unter die Nase gehalten. Auch das fraß sie nur ungern, aber aus Höflichkeit. Wir erklärten Gisela, dass Papayas eben nur selten vorkommen, schon gar nicht im Lebensraum von Robustis wie Haflingern, Isländern, Norwegern und all den kleinen Zottelmähnen-Rassen. Nur Falco war sauer: Seit Gisela keinen Obstsalat mehr machte, fiel für ihn nichts mehr ab. Auf den Muschelabrieb verzichtete allerdings sogar der Mörtelfresser Falco!

Weniger ist oft mehr, Wasser ist Leben

Nichts gegen gewisse Futterzusätze! Aber nur dann, wenn Pferde spezielle Bedürfnisse haben, weil sie Hochleistungssportler oder Senioren mit Mangelerscheinungen sind. »Nicht viel hilft viel, sondern individuelles Vorgehen«, empfiehlt der bayerische Pferdetierarzt Andi Rakowsky und bricht damit eine Lanze für spezielle Seniorenfuttermittel und Zusätze wie Radikalfänger (Vitamin C und E, Omega-3- und -6-Fettsäuren), die sogenannten »Gags« (Glykosaminoglykane), L-Carnitin für Fettabbau und Muskelerhalt, Ginkgo für die Durchblutung oder Weißdorn für Herz und Kreislauf. Wichtig sei, den Status quo zu kennen und gezielt vorzugehen. Ein dicklicher Senior braucht eher ein Diätfutter, einer, der stark abnimmt, braucht mehr Energiezufuhr. Es gibt Rekonvaleszenten, die begleitend zur Medikation Kräuterzusätze benötigen. Fast jedes Pferd sollte zum Raufutter Mineralfutter bekommen, weil unsere überdüngten Wiesen heutzutage einfach zu wenig an Mineralstoffen und Spurenelementen enthalten. Auch eine unterbeschäftigte Freizeitstute wie Vicky, die vielleicht einmal pro Woche geritten wird und wirklich nicht auf der mageren Seite des Lebens steht, braucht Mineralien für ihren Stoffwechsel. Aber sonst nichts, in freier Natur fressen Pferde kein Müsli.

Ach ja – es muss auch nicht sein, dass man seinem Pferd Äpfel und Karotten schält, und es ist unnötig, daraus hauchzarte Scheibchen zu schnitzen. Pferde haben Zähne, nicht die schlechtesten, und wenn's wirklich an der Karotte ausbeißt, wäre das ein Fall für den Tierarzt. Schmutzige Karotten gibt es für Pferde nicht: Sie nagen Bäume an, fressen Dreck und Kot und saufen bevorzugt aus richtig gammeligen Pfützen. Pferde-Limo, wir kennen das: Je gammliger, desto leckerer. Das bringt sie aber nicht um, weil Schmutz in der Natur nämlich auch vorkommt.

Wasser ist Leben und ungeheuer wichtig. Pferde sind ausgesprochene »Säufer«. Wie viel sie täglich trinken, hängt von Körpergewicht, Futter, Klima und Bewegung ab. Bezogen auf das Körpergewicht, lautet der grobe Mittelwert fünf bis sechs Liter je hundert Kilogramm Pferdegewicht. Säugende Stuten, wie beispielsweise das Shire Horse mit einer guten Tonne Körpergewicht, haben eine Milchleistung um fünfundzwanzig Liter täglich und brauchen am Tag etwa hundert Liter Wasser. Pferde sind Asketen, sie kommen lange ohne Futter aus, aber niemals ohne Wasser! Im Hochsommer bei extremer Hitze und geringer Luftfeuchtigkeit nimmt ein Pferd bis zu zwanzig Mal Wasser auf – der Schwerpunkt liegt in den Nachmittagsstunden. Wasser muss stets in frischer Qualität verfügbar sein, alles andere ist Tierquälerei! Dehydratation (Austrocknung) ist lebensgefährlich: Der Stoffwechsel erlahmt, die Speicheldrüsen vertrocknen, Verstopfungen sind die Folge. Die Thermoregulation und die Hirnfunktionen versagen durch fortschreitende Blutverdickung.

Go West oder Barock –
John Wayne oder François Robichon
fielen nicht vom Himmel

Falco und Vicky wohnten lange neben dem Westernstall, der Niko ge- und zerbrochen hatte. Später standen die beiden als Einsteller bei Sepp, einem kernigen Landwirt, der auf Pferde umgestellt hatte. Im Stall waren auch die Quarter eines Berliner Aufschneiders untergebracht. Einen davon hätte er mit seiner »Arbeit« im Roundpen fast umgebracht. Er hetzte den Armen immer vorwärts, der Kerl war auf der Flucht, Todesangst im Blick, weil er aus dem Stahlding nicht flüchten konnte. Eine andere Einstellerin hatte eine Paint-Stute, die platt war. Sie ging immer lahm, vor allem, wenn der Hufpfleger sie behandelt und noch platter hingestellt hatte. Das Tier litt lebenslang Schmerzen! Immer wenn diese Erbarmungswürdige dann nur noch klamm ging und nicht offensichtlich auf drei Beinen hüpfte, sagte sie den legendären Satz: »Es is scho um a Guats besser.«

Beide Pferdefreunde lebten in der Überzeugung, alles richtig zu machen. Sie waren sicher, auf der Seite der Guten zu stehen. Sie besaßen jede Menge Lehrvideos von Monty Roberts und Klaus F. Hempfling (dem »Aussteiger« ein totalitäres System und das Ausnutzen seiner Jünger vorwerfen). Gurus und ihre Anhänger neigen scheinbar zur Sektenbildung! Außerdem kannten die stolzen Pferdehalter natürlich alle Internetforen, die so viel Unheil anrichten können. Die beiden Pferdehalter bei Sepp ritten Western, oder besser: dachten es. Sie besaßen Westernsättel …

Bitte, bitte, jetzt genau hinlesen: Ich habe nichts gegen Westernreiter, ich habe auch nichts gegen Reiter im Ranchstil, nichts gegen Isi-Rider und nichts gegen die Barocken, die dem Reitmeister François Robichon

nacheifern, nichts gegen Englischreiter. Alle seriösen Reiter machen eine schwere Pein durch: Sie lernen erst einmal reiten. Sie *müssen* es lernen, mit Blut, Schweiß und Tränen! Ob das Unternehmen nun »Mikes Stormy Dust Ranch« heißt oder »Evis Reitstall«, wenn Mike es ernst meint und Evi auch, dann hilft nur der traditionelle Weg. Egal ob Mikes Quarter im Roundpen trabt und galoppiert oder Evis Haflinger an der Longe hängt, Sitz muss man lernen. Balance, Sitz ohne Bügel, während der Adduktor, dieser schwächliche Muskel, schmerzt. Ach ja: Wenn Mike, der im normalen Leben wahrscheinlich Michael Müller heißt, einen Funken Verantwortungsgefühl und Pferdeverstand in der Rübe hat, dann wird er mit seinen Pferden vernünftig arbeiten und sie ausbilden. Eine solche Basisarbeit mit dem Pferd verläuft bei den seriösen Cowboys nur unwesentlich anders als bei den englischen. Am Ende sollte ein Pferd herauskommen, das alle vier Beine einsetzt, das sich biegt, sich gelassen rückwärts richten lässt und Seitengänge beherrscht.

Natürlich gibt es die Dressurspezialisten, die mit Martingal, Schlaufzügeln und martialischen Kandaren die arme Kreatur in die Knie zwingen. Das heißt aber nicht, dass die Westernreiter automatisch die Guten sind. Es ist nicht unbedingt gewaltfrei, wenn man auf viel zu langen Sätteln dem Pferd im Stuhlsitz in den Nieren hängt. Es gibt eine gewisse Spezies Herren der Schöpfung, die das Marlboro-Feeling für sich entdeckt haben. Herkömmliche Reitstunden hätten sie ja nie genommen, das sei was für Mädchen. Aber als schaukelnder John Wayne für Arme, die Fluppe im Mundwinkel … da stellt man den Z3 oder Q5 – oder wie diese Autos in Buchstabenziffernkombi eben heißen – gerne nach dem langen Arbeitstag ab und lässt sich in den Sattel plumpsen.

Eine Bekannte von mir muss(te) man sich folgendermaßen vorstellen: T-Shirts, Schlabberpullis, ausgefranste Jeans, zum Reiten eine mehrfach geflickte Reithose, die sie noch aus ihrer Teenie-Zeit herübergeret-

38

tet hatte. Dazu ein schlecht geputzter Gaul und ein Sattel mit Antiquitätenstatus. Nein, weder die Friseurinnung noch die Kosmetikindustrie oder die Fachversandhäuser verdienten an ihr. Eines Abends lehnte sie eine Einladung mit den Worten ab: »Ich kann nicht. Ich muss meinen Rock fertig nähen.« Sie und ein Rock? Hatte sie einen neuen Liebhaber? Des Rätsels Lösung offenbarte sich mir bei einem Besuch in ihrem Reitstall. Es war ja doch ein Typ, so ein schwarzer, rassiger. Sehr schwarz und sehr rassig: nämlich ein Friesenhengst.

Ihr altes Pferd war vor einiger Zeit eingeschläfert worden, aber dass sie nun Friesenbesitzerin war, davon hatte sie nichts erzählt. Ich hatte es noch im Ohr: »Friesen sind ja absolut indiskutabel. Gehen nur nach oben, nicht nach vorne.« Und jetzt der neue, das ging ja noch, aber sie war nun geschminkt, trug einen Dutt im Nacken und wahrhaftig einen Rock. Einen Reitrock. Wie alle in der Halle, die augenscheinlich eine Quadrille einübten. Wie sagte sie früher? »Quadrillen sind ja so was von affektiert, das ist ja ein Verbrechen am Pferd.«

Jedenfalls war da noch so eine Dutt tragende Trainerin, die die Anfänge des Spanischen Schritts erläuterte. Währenddessen hatte ich Zeit, mich umzusehen. So wie in Deutschlands Osten urplötzlich alle Trabis verschwunden waren, wahrscheinlich alle beerdigt in einem riesigen Schnauferl-Massengrab, so gab es hier auf einmal keine bunte Pferdeschar mehr. Nur noch Friesen, Andalusier, Lipizzaner … Wo waren die Haflinger hin, die Warmblüter, die Ponys, die paar Quarter, die hier noch vor einem halben Jahr gestanden hatten? Und im Stüberl erst: Die Cowboy-Sättel weg, die Dekohüte auch. Dafür zierten nun Flamenco-Accessoires die Wände, und Flamenco röhrte aus dem CD-Player. Ein Mädel, auch mit Dutt, fragte: »Trinkst du 'nen Rioja oder einen Freixenet?« Äh, nö, eigentlich ein Bier, oder musste man hier jetzt Cerveza sagen? Aus dem Buchregal waren alle vertrauten Pferdeschmöker verschwunden, die »Einführung ins Westernreiten«, die »Geschichte des Islandpferdes«, dafür machten sich Werke über Barockreiterei meterweise breit.

Als die Quadrillen-Mädels dann reinkamen, schürzte meine Bekannte anmutig ihren Rock. Dann zückte sie eine Puderdose und zog den Lippenstift nach. Den restlichen Abend verbrachten die Damen damit, gegen den Flamenco-Lärm anzuschreien, ein einziges »Namedropping« großer spanischer Reiter und klassischer Barockreiterinnen, die mir alle nicht das Geringste sagten. Beiläufig wurde dann mal der Preis des Pferdes erwähnt. Himmel, da kauft man sich aber schon ein sehr nettes Auto davon. Angesichts des genannten Preises für die Reitstunde bei der Trainerin mit Dutt verschluckte ich mich derart an dem sprudligen Freixenet semiseco (auch noch semi!), dass ich fluchtartig aufbrechen musste.

Die Barockreiter verfolgen mich. Auf dem letzten Wendelinsritt in Schwangau, den ich auf meiner zickigen Isi-Stute bestritt, reihte sich hinter uns ein Friesenhengst ein. Die Reiterin in meinem Alter wirkte verhärmt und lachte sicher auch dann nicht, wenn sie dazu in den Keller gegangen war. Nun weiß schon jedes Kind, das noch kein kleines Hufeisen besitzt, dass man Abstand hält. Der Friese aber hing meiner Stute über dem Hintern, sein langer Hals endete kurz hinter meinem Nacken, von wo er mir unentwegt ins Ohr brüllte! Er wurde leider nicht heiser, er wieherte unentwegt. Meine Stute war kurz davor, einen Trab nach Reutte einzulegen. Ich zischte öfter ein »Schnauze, Friese!«, aber die Reiterin mit dem Gesicht eines Bratapfels unter ihrem Zylinder ließ ihn nun im Spanischen Schritt gehen. Nun donnerte er auch noch seine beschlagenen Hufe hinter uns auf den Asphalt. Meine Stute überlegte schon, erst wieder in Imst zu stoppen – und der Friese brüllte und steppte weiter.

Bitte schön, nochmals, bevor nun erboste Leserbriefe hier eingehen, es gibt kein Falsch oder Richtig. Es gibt nicht Schwarz oder Weiß. Aber es gibt den vom Aussterben bedrohten gesunden Menschenverstand, es gibt auch eine Höflichkeit gegenüber Andersreitenden. Es gibt nur ein Team aus Pferd und Mensch, das einzigartig ist. Dieses Team muss den Weg finden, der zu ihm passt. Es geht um die Vorgeschichte von Mensch und Tier, ums Alter (auch von Mensch und Tier), um die Rahmenbedingungen. Es geht um das Erkennen der eigenen Grenzen. Ob es sich nun um die Kandare oder fiese Gebisse mit langen Shanks dreht: Beide gehören nur in Profihände.

Um es etwas komplizierter zu machen: Das Team muss sich erst einmal finden. Viel zu viele ReiterInnen kaufen das völlig falsche Pferd: Wir erlebten erst kürzlich so eine »Spätberufenen-Odyssee«. Eine Bekannte Mitte fünfzig, Wiedereinsteigerin ins Reiten. Sie war – Wer will es ihr

verdenken? – unsicher. Nach wenigen Reitstunden in einem Westernstall verliebte sie sich in eine junge Stute. Die war vierjährig und musste untrainiert schon zweimal die Alpen mit schweren Männern im Kreuz überqueren, fatal für den Rücken. Die Bekannte kaufte die Stute dann – weil sie sich verliebt hatte. Unsterblich. Unrettbar, was der Verkäufer wohlwollend zur Kenntnis nahm. Der Preis war unangemessen hoch, und die Stute wurde immer noch teurer, sie litt an einer massiven Fehlstellung, es mussten einige Schmiede und Osteopathen bemüht werden, bis einer mal das Handwerk auch wirklich verstand. Die Zunge der Stute weist bis heute eine steinharte Vernarbung auf, da hat man wohl beim Einreiten Draht oder ein sehr scharfes Gebiss verwendet. Die Zähne waren ebenfalls desolat. Das kostete und kostet weiter, mit zweifelhaften Resultaten. Zum Glück konnte sich die Besitzerin das leisten, andere stemmen so etwas kaum und sind bald am Limit – und darüber – angelangt. Im Grunde ist jedem angehenden Pferdebesitzer sogar klar: Hol dir Rat, vertraue einem Fachmann, und das ist ein Reitlehrer ja eigentlich. Aber der verfolgt eben auch und vor allem materielle Interessen. Die Leute kaufen zu früh, oft nach wenigen Reitstunden, zu blauäugig, die falsche Rasse, zu junge Pferde, sogar nach der Farbe, nach dem Motto: »Ich wollte immer schon einen jungen schwarzen Friesenhengst!« Das Fiasko ist vorprogrammiert, der sechzehnjährige, scheinbar langweilige Haflingerwallach wäre oft die bessere Wahl gewesen.

Gibt es frühreife Rassen?

Pferde wachsen. Oft geschieht das sehr ungleichmäßig, hinten deutlich höher als vorne, die Proportionen ändern sich ständig. Zwar erreichen Pferde mit drei Jahren fast ihre endgültige Größe, aber sie sind längst nicht ausgewachsen. Bis zum Alter von etwa sieben Jahren wächst das Pferd noch in die Länge und die Breite, manche legen auch noch einmal in der Höhe zu. Dann stellt sich die Frage: Wann darf und soll man ein Pferd anreiten? Es ist sicher sinnvoll, mit dem Dreijährigen eine schonende Ausbildung in Form von Bodenarbeit und Spaziergehen zu beginnen, aber psychisch betrachtet, sind dreijährige Pferde immer noch Kleinkinder und können sich nur sehr kurz konzentrieren. Wer dem Jungpferd Zeit für seine körperliche Entwicklung gönnt, hat später ein gesundes und leistungsfähiges Tier.

Das ist die Crux: Man will doch reiten, man hört, dass es eben früh- und spätreife Rassen gäbe. Shetlandponys und Isländer haben Glück; ihnen gesteht man zu, erst mit fünf Jahren ein Reitpferd zu sein. Viele Quarter müssen mit zweieinhalb schon Stopps trainieren, viele Kaltblüter in diesem Alter schon schwere Lasten ziehen – angeblich, weil sie frühreif sind. Die Fachfrau Dr. Deb Bennett erforschte lange Klassifikation, Anatomie, Evolution und Biomechanik von Pferden und kam zu dem Schluss, dass eher der traditionelle und wirtschaftliche Aspekt eine Rolle spielt und gerne als Entschuldigung für zu frühe Arbeit herhalten muss. Weil Quarter tendenziell devot sind und Kaltblüter stoischer, ist die frühe Arbeit, die man ihnen zumutet, dennoch ungesund. »Dr. Deb« stellte fest, dass das Skelettwachstum nicht rassenspezifisch schneller oder langsamer vonstattengeht, sondern ähnlich schnell bzw. individuell wie beim Menschen. Man kann gewisse Kriterien anlegen (Zahnwechsel, Geschlechtsreife, Schließen der Wachstumsfugen), die zwar Durchschnittswerte bleiben, die aber laut »Dr. Deb« allesamt nur einen Schluss zulassen: »Kein Pferd auf der Erde ist früher als mit sechs Jahren reif – plus minus etwa sechs Monate.«

Fenja, Fjölla und Ruby –
Unterschätze nie die Pferde
des Feuers und des Eises

ach einigen Island-Reisen sollte es ein Isländer sein. Eine hübsche Stute war inseriert, die Adresse lag irgendwo in den Wäldern westlich von Augsburg, auch »d' Stauda« genannt. Als Allgäuerin ist man im alemannischen Sprachraum daheim, aber der Stauden-Dialekt klingt wie eine Rachenkrankheit. Es war Sonntagvormittag, wir hatten uns verfahren, das war lange bevor es Navis gab. Ich betrat einen Gasthof, das Stammtischgespräch erstarb augenblicklich. Sieben Männer stierten uns an. Ich trug mein Anliegen vor. Schweigen, Starren. Plötzlich brach ein Tumult aus, herausgepresste Sätze flogen über den Tisch. Ich verstand bis auf »am Roi na« nichts. Ein Feldrain, da runter? Dann wieder tiefes Schweigen, die Herren hatten ihr Pulver verschossen. Ich bedankte mich überschwänglich.

Wir fanden den Hof – und Fenja. Sie war hübsch, eine Dunkelfalbe mit schwarzen Beinen und gesträhnter Mähne, klein, stark, ein Isi ganz vom alten Schlag. Liebe auf den ersten Blick! Sie hatte einen Hufrehschub hinter sich. Meine Freundin Silvi, die Tierärztin, war dabei, betrachtete die Röntgenbilder und beurteilte die Senkung als undramatisch. Die Stute hatte noch ein Fohlen, eine kleine rote Hexe, die mir zur Begrüßung vor die Kniescheibe trat. Das Fohlen stand auch zum Verkauf. Man hätte die sechs Monate bis zum Absetzen abwarten können, aber wir nahmen auch das Fohlen. So manchen Tag habe ich diese Entscheidung verflucht. Jeder, der behauptet, er wäre immer nur glücklich mit seinen Pferden, lügt. Pferde erziehen zur Demut.

Zur tiefen Demut. Tage, an denen alles so läuft, wie man es sich vorstellt, sind selten!

Mit dem Verkäufer wurden wir in zähen Preisverhandlungen beim Weißbier handelseinig, das Schachern gehört zum Pferdekauf einfach dazu. Die Damen kamen mit und zogen beim Sepp ein. Fjölla ließ sich nie zu einer einzigen Unterwerfungsgeste herab. Vom ersten Tag an war sie nur der »Kampfzwerg«. Fohlenkauen? Fehlanzeige! Auch die Quarter bekamen erst mal einen Tritt vors Knie.

Legendär wurde der Besuch einer Freundin. Die hatte ihren Neffen dabei, einen großen, gewichtigen Kerl, einen Nachwuchsmacho mit noch größeren Sprüchen. Das Fohlen galoppierte herbei, betrachtete den Besucher, umrundete ihn und legte ihm dann anmutig die Vorderbeine über die Schultern. Der Junge sank zu Boden, das Fohlen schnoberte an seinem Gesicht herum. Er flüsterte ein kaum hörbares »Hilfe«. Seine Tante wäre fast an ihrem Lachanfall erstickt!

Auch Fjölla sollte lernen, sie kannte Halfter, sie gab die Hufe, obwohl ihr Benehmen beim Hufschmied ausbaufähig war. Als Sepps kaum dreijährige Haflingerstute Ginger ausgebildet werden sollte – meiner Ansicht nach viel zu früh –, legte eine Horsemanship-Lady, die nach welchen Prinzipien auch immer arbeitete, Ginger ein dickes Tau an. Während sie fuchtelte und von Dominanz faselte, suchte die Stute ihr Heil in der Flucht – für dieses Sensibelchen war das einfach zu viel. Mit einem abschätzigen Blick auf meinen Kampfzwerg, der die Szenerie nachdenklich betrachtete, meinte die Ausbilderin, dass das der Roten auch nicht schaden würde.

Nur zu! Jetzt hing das Pony am Tau, und es tat keinen Schritt. Weil Hengste auch aufstampfen, trampeln Horsemanship-Leute vor den Pferden immer den Boden platt; die Lady fuchtelte und stampfte. Ich unterstelle, dass Fjölla sehr genau erkannte, dass das eben kein Pferd, sondern ein Mensch war. Auch eine Gerte brachte die lebende Statue nicht dazu, sich zu bewegen. Plötzlich biss das Pony in das Tau, riss es der Frau aus der Hand und passte davon. »Die is' irr«, verkündete die Lady im gleichen Ton wie weiland der Springnachwuchs, als er mir Hansi zurückgab.

Eines Tages beschloss Fjölla, dass ihr die Koppel nicht gefiel, und dachte an Auswanderung. Ihre Mama und Falco waren unterwegs, Vicky allein war ihr als Gesellschaft wohl zu fad. Also durchbrach sie drei Lagen Stacheldrahtzaun – ehemalige Viehhalter sind nur sehr schwer zugänglich für das Argument, dass Stacheldraht sehr gefährlich ist – und raste heimwärts. Dabei geriet sie auf den Parkplatz einer Firma, wo gerade französische und spanische Austauschingenieure ihre Pausenzigarettchen im Hof rauchten. Mitten hinein brach das kleine Pferd. Die überforderten Gäste versuchten, das Tierchen laut und gestenreich einzufangen, ohne Erfolg. Fjölla lief weiter heimwärts. Gottlob hatte sie sich kaum verletzt!

> *»Pferde sind wie Kartoffelchips, man kann nicht bloß einen haben«.*
> **ENGLISCHE REDENSART**

Sie war eben, wie sie war. Diverse Versuche, sie als Handpferd mitzunehmen, endeten jedes Mal fast mit einer ausgekugelten Schulter und einem höchst genervten Falco, der nicht immer von dem roten Weib angesprungen werden wollte. Ich sprach ein Machtwort: »Wir machen das jetzt wie in Island. Wir warten, bis sie fünf ist, dann reiten wir.« So geschah es, und das hat bis heute funktioniert. Am sichersten ist man beim Zwerg, wenn man draufsitzt!

Ihre Mutter Fenja hingegen war immer kooperativ und energiegeladen, immer wach, sie tat alles für ihren Reiter. Sie war Chefin der kleinen Herde aus Falco, Vicky und Fjölla und dabei sehr umsichtig. Als Leitstute musste sie nur mal ganz kurz die Ohren anlegen, nie treten oder beißen.

47

Sie war einzigartig, ein Ausnahmepony! Irgendein Spaßvogel ließ in einer nebligen Nacht die Ponys frei, die auf einer entlegenen Weide standen. Fenja führte ihre Gruppe abseits der Hauptstraße, auf der bereits die ersten Leute mit dem Auto zur Arbeit fuhren, über Feldwege zu einigen Obstgärten. In einem davon wurden die Ponys dann auch gegen sechs von einem Landwirt entdeckt.

Fenja schien der lebende Beweis, dass es Zwischenwesen gibt. Sie war nicht nur ein Pferd, man konnte mit ihr über Augenkontakt kommunizieren, wie mit einer Seelenverwandten. An einem Trailkurs nahmen wir mit drei Ponys teil, die sich alle sehr anstellig zeigten. Falco, typisch Wallach, war vom vielen Denken so erschöpft, dass er sich in den Mittagspausen immer wie tot auf den Reitplatz legte. Nach zwei Tagen ging es heimwärts. Sepp und ich verluden schon mal zwei Pferde und ließen Fenja zurück. Beherzte Mitstreiterinnen wollten uns einen Gefallen tun und Fenja schon mal verladen. Uns bot sich ein entzückendes Bild: Das Pony stand auf der Rampe, vier Frauen lockten, zerrten und stopften Leckerlis ins Tier. Sie blieb wie angewurzelt stehen und fand all die netten Frauen, die ihr so viel Essen anboten, ganz toll.

»Die geht nicht rein!«, rief eine von ihnen entnervt. Ich bat die Damen, zur Seite zu treten. Fenja schenkte mir einen langen Blick: *Ist die Show schon vorbei?* Ich hob ganz leicht die Hand, gerade so weit, dass sie nicht mehr am Körper anlag. Das Pony marschierte hinein. »Man muss nur mit den Tieren reden«, sagte ich den verdutzten Damen.

Später kam Ruby dazu. Dieser Charakterkopf mit dem Puschelschopf war ein Mutter-Tochter-Pferd. Die Besitzer mussten ihn abgeben, ein Familiendrama zwang zum Verkauf. Es war Winter, als ich Ruby Probe ritt, durch einen Wald, hinauf auf eine Anhöhe, wo ich die Besitzerin treffen wollte, die einen kürzeren Weg genommen hatte. »Und?« Die Frau klang fast panisch. Ja, was und?, dachte ich – ein total gechilltes Pony halt. Da gestand sie mir, dass am Vortag eine junge Frau zum Anschauen des Isis da war, die extra ihre Reitlehrerin mitgebracht hatte, die das Tier testen sollte. Ruby war aus der Halle gesprungen. Dieser Wuschelkopf?

Wir nahmen ihn, er kam, sah und siegte. Isi durch und durch. Isländer sind anders. Nicht wegen ihrer fünf Gänge, nicht wegen ihrer kunterbunten Farben. Auch nicht deswegen, weil sie zu Sommerekzemen und anderen Zivilisationskrankheiten neigen. Isländer haben einen freien Geist. Sie sind die Pferde des Feuers und des Eises. So lieb und kooperativ sie auch sind, ein Fünkchen Freiheitsdrang steckt immer in ihnen. Während sie duldsam im Unterricht trotten, galoppieren sie im Geiste mit den Ahnen hoch über Ásbyrgi, der hufeisenförmigen Schlucht in ihrer Heimat, wo die Götter ihren Sitz haben.

Auch die »Isi-Rider« sind eine eigene Spezies. Das sind kernige Menschen in Schafwollpullis, die immer müffeln, kraftvolle Pferdchen im Tölt und Pass reiten und in einer eigenen Welt leben, die Andersreitende nie verstehen werden. Im Islandpferdesport zählt nur das Gangwerk des Tieres. Selbst auf Weltmeisterschaften sieht man Reiter, denen man gerne einen Kurs spendieren würde. Heute ist vieles besser, aber ich erlebte sogar auf dem Landsmót in Island Szenen, die durchaus an die angeblich bösen Schleifer in der Dressurszene erinnern. Kandaren bis zum Anschlag angezogen, verspannte Rücken, Bewertungen immer nur für die hohe Aktion. Hundertzwanzig-Kilo-Männer saßen auf Pferdchen, die schmalbrüstig gezüchtet waren, weil sie eine hohe Aktion zeigen sollten. Um es einmal mehr zu betonen: Keine Reitweise ist per se gut oder schlecht. Gut oder schlecht (Letzteres leider zu oft) ist nur der Mensch!

Ruby ist ein Viergänger. Seinen Papieren zufolge heißt er eigentlich »Rubin«, aber wer würde einen Puschel-Isi schon Rubin nennen? Ruby brachte eine Aussteuer mit, aus der wir noch nach Jahren all die anderen Pferde bestücken. Halfter in allen Farben, einen Turnierwagen, Putzzeug für eine ganze Kavallerie, stapelweise Fleecedecken.

Ruby war reizend, zurückhaltend und extrem gut erzogen. Im ersten Jahr gewann er an Sicherheit, verlor dafür ein wenig an Erziehung und Zurückhaltung, wie ich zugeben muss. Aber er wurde mehr Pony. Etwa zweimal im Jahr kriegt er seine drollige Viertelstunde. Da läuft er im Ausritt ganz geschmeidig mit, plötzlich schert er aus und rast in ein Feld. Dort rennt er, immer schneller, in riesigen Kreisen. Obwohl er nicht buckelt, fallen die meisten Reiter dennoch herunter. Wir lieben Freigeist Ruby sehr!

Fenja ist heute im Pferdehimmel, aber ich bin unendlich glücklich, dass sie mir ihre Zeit und Aufmerksamkeit schenkte. Pferde halten und Reiten bringt viel Frust, viele Rückschläge und nur kleine Schritte vorwärts mit sich. Fenja war eine Glaubensbestärkerin: Es lohnt sich, es geht auch schlafwandlerisch – dann, wenn zwei zusammenpassen. Da mag man noch so viele Flüsterer konsultieren und dem obercoolen Hackl-Bernd auf VOX zusehen, da mag man vielleicht sogar dazulernen an der Pferde- oder Menschenfront, aber eine Garantie ist das nie. Wie bei Menschen. Da mag die Paartherapie geholfen haben, den totalen Gau zu verhindern … Aber all das ergibt nicht Yin und Yang, ergibt nie diese Schalen, die ineinander klingen … Alle unsere Pferde sind anbetungswürdig, aber Fenja war das Jahrhundertpferd. Das für die Tränen der Freude und der tiefen demütigen Dankbarkeit!

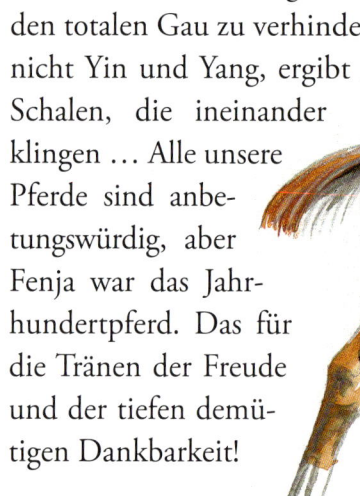

n unwegsamem Gelände war und ist man mit diesem Pferd auf der sicheren Seite. Nicht umsonst wurde das Islandpferd schon immer als der »nützlichste Gehilfe« bezeichnet. Tapfere Krieger nannte man in einem Atemzug mit ihrem Pferd: Wikingergott Odin ritt Sleipnir über das Himmelsgewölbe und Freya Faxi. Islandpferde – nicht -ponys! – sind kräftige Tiere, die trotz ihrer geringen Größe (1,30 bis 1,45 Meter Stockmaß) auch stattliche Männer zu tragen vermögen.

Die Tiere kommen in allen Farbschattierungen vor und beherrschen zu den herkömmlichen Gangarten Schritt, Trab und Galopp auch noch den Tölt und teilweise den Pass. Man spricht dann von »Vier- oder Fünfgängern«. Tölt ist ein Viertakt, wie der Schritt in sehr schneller Folge. Der Reiter sitzt so angenehm, dass er bei vollem Tempo ein gefülltes Bierglas halten kann, ohne einen Tropfen zu verschütten. Der Pass ist eine Zweitakt-Gangart, bei der das Pferd beide Beine einer Körperseite gleichzeitig nach vorne zieht und dabei bis zu fünfundvierzig km/h erreicht. Die Vielfalt der Gänge macht dieses Pferd so einzigartig und so beliebt.

Islandpferde werden natürlich auch in Deutschland gezüchtet, ihre Erfolgsstory begann mit den Büchern »Dick und Dalli und die Ponies« und den darauf aufbauenden »Immenhof«-Filmen. In Island leben rund neunzigtausend Pferde, und diese dürfen zwar exportiert, aber nicht mehr importiert werden. Wenn isländische Reiter mit ihrem Tier an Wettkämpfen außerhalb Islands teilnehmen, darf das Pferd nicht mehr einreisen. Kein Pferd, egal von welcher Rasse, darf nach Island eingeführt werden!

Reiterreisen –
The living legend!

Früher schrieb ich als Journalistin sehr viel für Pferdemagazine, vor allem über weltweite Reiterreisen. Bevor jetzt bei Ihnen Neidgefühle aufkommen: Ein Spaß ist das nicht. Märchen beginnen normalerweise mit: »Es war einmal …«. Das kann auch für Albträume gelten. Also: Es war einmal in Irland, im Reiterland, dem Land der Fuchsjagden und Rennen. Dort, wo es viele hoch qualifizierte Betriebe gibt – und leider auch böse Ausrutscher. In diesem Fall handelte sich um ein Topprodukt der irischen Fremdenverkehrswerbung, einen Ritt durch Connemara, genau dort, wo Irlands wilder Westen am schönsten ist.

Dabei hatte alles so schön begonnen, in »Sweeney's Oughterard House«, wo Patrick entgegen dem Klischee von der schauderhaften irischen Küche mit Genie und dem Herz eines Küchenabenteurers wunderbare Gerichte zauberte. Dass der Veranstalter zu unserer Verabredung am Abend nicht erschien: geschenkt! Dass die amerikanischen Mitreiter, die ich im Hotel mühsam ausmachen konnte, von Kommunikation Abstand nahmen: geschenkt! Einer redete mit mir. Ein Niederländer, der seine Pferde in Irland stehen hatte, weil der Veranstalter eine *living legend* sei. *The one and only.*

Als ich fragte, was denn so legendär sei, nach Zuchterfolgen, nach Reiterfolgen, traf mich ein Blick, der mich tausendfach hätte töten können. Der Blick seiner anämisch blassen Freundin war eher angsterfüllt. Als ich versuchte, mit ihr zu reden, Bar-Smalltalk bei einem Guinness halt, stöhnte sie plötzlich: *»I'm a vegan.«* Was sollte man darauf sagen?

Dass mir am nächsten Morgen keiner gesagt hatte, wann und wo der Bus zum Treffpunkt abfuhr: geschenkt! Patrick fuhr mich netterweise hinterher. Zu einem verfallenen Cottage, vor dem ein Transporter mit Rostlöchern stand. Dahinter waren einige Reiter beschäftigt, Pferde von einer Wiese zu holen. Welches mir zugedacht war, wie das überhaupt hier ablaufen sollte, konnte mir niemand sagen. Weder der Veranstalter noch seine Helferin zogen in Erwägung, »Guten Tag« oder »*Hello*« zu sagen.

Irgendwann – man fragt sich ja durch – gab sich eine Helferin als Jackie zu erkennen und drückte mir ein Pferd in die Hand. Ein netter Connemara – nett, wäre sein kaum ausgeheilter Satteldruck nicht gewesen. Der irritierte Blick rundum ließ nichts Gutes ahnen: Alle Pferde hatten abgeheilten Satteldruck, manche noch frischen, zwei waren komplett offen. Ich fragte mal vorsichtig nach einer Bürste, um die Sattellage zu säubern. Fehlanzeige! Also rauf mit dem Fetzending aus Leder, das den Namen Sattel nun wirklich nicht verdient hatte. Mir tat das in der Seele weh, dem armen Kerl wahrscheinlich am Rücken. Wir ritten los, und weil da einer an der Tête ritt, der bisher noch nicht in Erscheinung getreten war, folgerte ich treffsicher, dass das wohl der Veranstalter sein müsse. Die *living legend?* Ich versuchte, mich vorzustellen und schloss die freundlichen Frage an, ob man ab und zu mal für ein Foto anhalten könne. Er musterte mich, als ob ich Fußpilz, Krätze oder die Pest hätte. Eine Antwort blieb er schuldig. So ritten wir denn weiter.

Zwei der Pferde mit dem offenen Rücken liefen so mit. Eine halbe Stunde ging ins Land, dann schrie jemand was vom *lost shoe*. Das war der erste von den legendären *shoe stops*, irgendwann hörte ich auf zu zählen. Und nun wurde auch der Sinn der Rostlaube klar: Die war voll von Eisen. Alle erfüllten ein Kriterium: Sie durften dem Pferd auf keinen Fall passen. Legendär, ich begann zu ahnen, was das hieß.

Im Schritt ging es auf recht unspektakulären Wegen weiter, durch kleine Weiler. Ich hatte Gelegenheit, mir mal die Mitreiter anzuschauen:

»Verleih nicht Pferd noch Frau noch Schwert.«

AUS ENGLAND

54

drei laut gackernde Amerikanerinnen aus Colorado im vollen Western-Ornat, ein Pärchen aus New York, deren Worte keinen Zweifel zuließen – sie waren noch nie geritten. Wirklich noch nie. Und dann machten die einen Wochenritt durch Connemara? Dann gab es noch einen feisten Typen im Sakko, zwei kleine Französinnen, eine dänische Dressurreiterin und einen deutschen Studenten. Die beiden letzteren waren Außenseiter: Sie konnten nämlich reiten. Ach ja, der Niederländer und seine Begleiterin waren auch dabei, auf eigenen Pferden. Zwei sehr junge Connemaras, dreijährig (!), mit scharfen Kandaren geritten.

Schon bald riss mein Steigbügelriemen. »Was tritt die auch so rein?«, gab mir der Blick der Legende zu verstehen. Dann brach auf der anderen Seite der Bügel. Beim Mittagsstopp brachte mir die Rostlaube einen neuen Sattel mit. Einen ganz neuen – allein, die Kammer war viel zu weit für das Pferd. Nun denn: Die Amerikanerinnen jubelten über das Picknick: Schlabberbrot, Mayo-Berge, geschmacksneutraler Cheddar-Käse und eine Salami, deren ungesundes Pink wohl chemisch war.

Die Niederländerin aß nichts: »*I'm a vegan*«, stammelte sie. Ja, da bekennt man sich bald zum Veganertum.

Nach der Fast-Food-Pause änderte sich die Landschaft. Es ging über Trampelpfade hinaus in die Weite der Moore. Was soll ich sagen: Dieses Land ist ein Schwamm. Ein einziger großer Schwamm. Um als Pferd da durchzuwaten und riesige Steinbrocken zu umrunden, bedarf es Geschick. Schon ohne Reiter ist das ein gewagtes Unternehmen. Aber mit Plumpsäcken im Stuhlsitz, die sich an den Zügeln festklammern? Pure Tierquälerei, oder eben legendär, wie man's nimmt. Der Weg stieg steiler an, in weiten Serpentinen ging es hinauf, und es kam, wie es kommen musste. Das Pferd des uner-fahrenen, aber hundertvierzig Kilogramm schweren New Yorkers stürzte. Es folgte eine Kettenreaktion, man kennt das. Das nachfol-gende Pferd sprang zur Seite, riss das Pferd der kleinen Französin um. Beide landeten strampelnd in einem Schlammloch, Pferde-beine, Menschenarme – gottlob ging das glimpflich ab, beide hätten sich das Genick brechen können. Die Amerikaner johlten und applaudierten. »*Adventure, Adven-ture!*« Legendär, so was adelt. Jetzt gehört man dazu. Mir wurde schlecht, wahr-scheinlich von der Salami.
In einem Waldstück trafen wir dann auf ei-nen Leihwagen, der sich festgefahren hatte. Ihm entstieg eine bekannte Pferdefotografin.

Sie scheuchte ihre Adjutantin und uns durch die Gegend, jemand musste ihr dann auch noch das Auto wegschieben und wenden. Später las ich dann in einem führenden deutschen Magazin von ihrem legendären Ritt in Irland. Bitte? Die Dame saß keine Sekunde auf einem Pferd.

Um die Geschichte abzukürzen: Wir saßen am Abend mit der Gruppe am Tisch, die Niederländerin weinte fast: »*I'm a vegan*«. Patrick zauberte eine vegane Suppe. Extrem lecker übrigens. Es wurde gebechert, die Runden mussten die beiden Gestürzten ausgeben. Der kleinen Französin wurde auch schlecht.

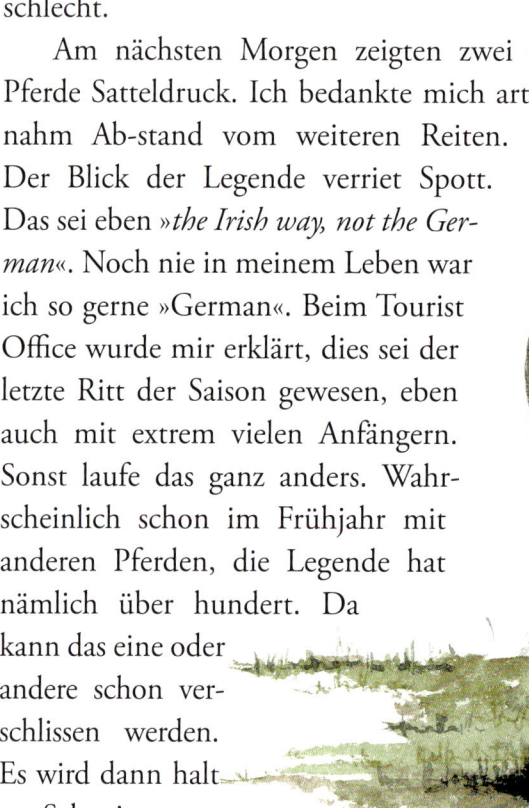

Am nächsten Morgen zeigten zwei weitere Pferde Satteldruck. Ich bedankte mich artig und nahm Ab-stand vom weiteren Reiten. Der Blick der Legende verriet Spott. Das sei eben »*the Irish way, not the German*«. Noch nie in meinem Leben war ich so gerne »German«. Beim Tourist Office wurde mir erklärt, dies sei der letzte Ritt der Saison gewesen, eben auch mit extrem vielen Anfängern. Sonst laufe das ganz anders. Wahrscheinlich schon im Frühjahr mit anderen Pferden, die Legende hat nämlich über hundert. Da kann das eine oder andere schon verschlissen werden. Es wird dann halt zu Salami verarbeitet …

Connemara und seine Ponys

Diese tausendfach zerklüftete Küste, die kleinen Sträßchen zwischen den wild überwucherten Steinmauern, die Adressen, die man immer verfehlt, weil man mal wieder auf eine Halbinsel gelangt ist und ganz vorne an ihrer Spitze in die Gischt starrt. Connemara entschleunigt, dreißig Kilometer können lang werden. So aufgewühlt das Wasser gegen die Küste donnert, so sehr beruhigt das Land aufgewühlte Seelen. So ging es auch Stephanie Brooks, als sie 1957 »ihre« Halbinsel Errislannan betrat. Ihr Mann war ein bekannter Arzt in England, die Kinder gingen teils noch dort zur Schule. Mit im Gepäck waren sechs Ponys. In den Fünfzigerjahren kannte man in England bereits den Ponyclub, während im rauen Irland die Ponys noch immer Karren mit Torf zogen oder mit schweren Packsätteln behängt waren, aus denen Algen quollen. In Clifden stand man der Idee, dass englische Kinder Ponys ritten, reserviert und verwirrt gegenüber. Eine Abordnung besuchte den Ponyhof und stellte fest, dass die Engländerin in Ordnung war. Die sanfte Stephanie wurde zur Attraktion, gab Reitunterricht, ein Ponyclub wurde gegründet. Sie schrieb das schönste Buch, das es über die starken, gemütvollen und trittsicheren Connemaras gibt: »Seahorses«, ein zauberhaftes Werk, für das sie in mühevoller Kleinarbeit alte Quellen und Texte über das raue Ponyleben in Connemara suchte und auswertete. Wenn es aber um die Zukunft geht, lernt man eine andere Stephanie kennen: Sehr kritisch beurteilt sie die Entwicklung, dass die Tiere ein Stockmaß weit über 1,50 Meter erreichen und dass einige Zuchthengste nur noch im Stall stehen. »Für die Besitzer soll das Pony schick aussehen. Aber ein Connemara muss hinaus, er ist ein Geschöpf des Westwinds.«

Mehr Pressereisen zu Pferd –
Dem Visionär ist nix zu schwär

**B**eim Irlandritt war ich Teil einer »normalen« Gruppe, eine ganz andere Nummer sind »Pressereisen für reitende Kollegen«. Pressereisen dienen dazu, die Journaille einzuladen, sie gut zu hätscheln und zu füttern, damit sie in einer Zeitung oder Zeitschrift Schönes zur Region schreibt. Unsere lieben Nachbarn aus *tu felix Austria* sind ja führend im Bereich von Reiterreisen und Reitwegenetzen. Dazu laden sie die »reitenden Kollegen« ein. Bedingung: Man muss reiten können.

Als ein neues Wegenetz am Mondsee beworben werden sollte, war ein Visionär mit von der Partie, der den Ritt begleiten sollte – um uns seine Visionen vom See, von den Kraftplätzen, dem Mond und dergleichen zu vermitteln. Wir ritten bei bullenheißem Wetter los, der Visionär galoppierte auf dem Teer davon. Die begleitende Dame vom Tourismusverein fiel rücklings vom etwas abrupt startenden Pferd, spätere Diagnose: Steißbein gebrochen. Das tut schrecklich weh!

»Wenn der Reiter nichts taugt, hat das Pferd schuld.«
SPRICHWORT

Nun waren wir allein mit dem Visionär, aber erst mal zum »Dorferwirt«, wo eingekehrt wurde, und da begann der wirklich anstrengende Teil des Ritts. »Z'erscht a Schnapsl«, das ist so eine Art Wahlspruch der Nachbarn. Erschwerend kam hinzu, dass wir dauernd an Bauernhöfen vorbeikamen, wo das Schnapsbrennen zur Kunst erhoben wurde: Das dritte Schnapsl kippte ich meinem Haflinger unauffällig in die Mähne, was dem Pferd geruchlich eine ungewöhnliche Komponente verschaffte, augenscheinlich aber die Fliegen vertrieb!

Der nunmehr beseelte Visionär ignorierte ein aufziehendes Gewitter und geleitete uns einen kahlen Bergrücken hinauf. Der Himmel flackerte, die Abstände zwischen Blitz und Donner waren kaum noch bemerkbar. Er schwadronierte von der elementaren Natur, während wir elementar und definitiv den höchsten Punkt im weiten Umkreis darstellten, und das mit eisenbeschlagenen Pferden! Da ich bekanntlich immer meine Meinung sage, gab ich zu bedenken, dass ich hier nicht zu sterben gedachte, und strebte talwärts. Die anderen taten es mir nach.

Das Reiten wurde in die Halle der Radauers verlegt. Gerlinde, Chefin einer gepflegten Reitanlage, hatte sich sehr für den neuen Panorama-Reitwanderweg eingesetzt. Da sie öfter auch Pferde-Jugendcamps veranstaltet, wurde bald klar, dass die Warmblüter fürs Wander- und Jugendreiten nur bedingt geeignet sind. Was also tun? Und dann kam Gerlinde, ihrem Mann Friedrich und dem Reitkollegen Luis die zündende Idee: Wieso nicht von den umliegenden Bauern die unterbeschäftigten Noriker den Sommer über auf die Anlage holen? Die sollten wir nun testen, in einer Box standen zwei: Mimmi und Mirzi. Ich sattelte also einen der beiden Noriker, der energisch in die Halle eintrat und das Stehenbleiben, um den Reiter aufsitzen zu lassen, eher unnötig fand. Und dann ging die Post ab: Im Mitteltrab stob das Pferd durch die Halle und räumte Cavalettis nieder. Immer mittenrein. Ein hinreißendes Muskelpaket und deutlich sicherer als das Gewitter draußen.

Ein neuer Tag, ein neuer Versuch. Diesmal am Traunsee: Der Weg war ganz neu eröffnet. Ergo rekrutierte man für die Journalisten Pferde aus zwei Betrieben, das ergab eine Warmblut- und eine Haflingergruppe. Weil die Warmblutreiter der Meinung waren, dass sie schneller seien, ritt man zwei verschiedene Wege. Die Großen starteten weit unten am Ende eines steilen Berghangs, die Haflinger sollten den kürzeren Weg oben herum nehmen. Unsere Sicht auf die andere Gruppe war gut. Auch die Hafis sahen sie, Pferde sehen nämlich sehr viel besser als Menschen.

Einer der Hafis war wohl kurzsichtig, wollte aber unbedingt diese Kumpels näher in Augenschein nehmen und raste den Hang hinunter. Die Reiterin machte dabei den Abflug und brach sich die Hand. Ein zweiter Kollege flog ebenfalls, er stürzte rücklings auf seinen Kamerarucksack und zog sich eine Nierenprellung zu. Als der weitere Verlauf des Weges an einem Streichelzoo vorbeiführte und ein Esel die entfernten Verwandten fröhlich trötend begrüßen wollte, kippte ein steigender Araber rückwärts um: Das Resultat waren eine Schädelverletzung der Reiterin und ein Freiflug nach Linz ins Klinikum.

Noriker und Süddeutsche Kaltblüter

Noriker gibt es seit zweitausend Jahren in Europa, der Name leitet sich von der römischen Provinz Noricum her, wo die Tiere als Packpferde dienten. Ab Mitte des sechzehnten Jahrhunderts wurde die Zucht vor allem von Klöstern betrieben, das Erzbistum Salzburg tat viel für die Verbesserung der Linie. Neapolitanische, spanische und burgundische Hengste trugen dazu bei, dass die Rasse größer wurde. Vor rund dreihundert Jahren begann man, getigerte Pferde einzukreuzen. Der getüpfelte Pinzgauer entstand als eigene Linie. Heute legt man vor allem Wert auf kompakten Körperbau, eine kraftvolle Schulter und Hinterhand. Grundsätzlich besteht eine enge Verwandtschaft zwischen Noriker und Süddeutschem Kaltblut. Letzteres kann je nach Standpunkt als eine eigene Linie des Norikers gelten. Zucht und Population trifft man vornehmlich entlang des Alpenbogens an: von Füssen im Westen über den Pfaffenwinkel, hinüber nach Tölz, Miesbach und Rosenheim bis ins Chiemgau. Das Haupt- und Landesgestüt Schwaiganger bei Murnau, dessen Geschichte bis 955 zurückreicht, seit 1920 in Staatsbesitz, war das Zentrum der bäuerlichen Kaltblutzucht. Nach dem Kaltblutsterben ist das Pferd heute als Fahr- und auch Reitpferd beliebt. Beim Fohlenmarkt in Rottenbuch Anfang September werden pro Jahr rund hundert Fohlen versteigert. Das Holzrücken mit Pferden erfreut sich neuer Beliebtheit, unter anderem arbeiten die Staatsforsten Berlin mit Süddeutschen, und sogar in Kanada lebt ein Züchter. Reinzucht gibt es erst seit hundert Jahren, seit es ein Stutbuch gibt. Heute züchtet man ein Pferd, das einen guten raumgreifenden Trab zeigt. Bis in die Siebzigerjahre hatten die Oberländer ein Stockmaß von 1,55 bis 1,60 Meter, und sie waren eher drahtig und spritzig. Erst in den Achtzigerjahren legte der Zuchtverband den Fokus auf größere und schwerere Pferde, weil man endlich in die prestigeträchtige Domäne der Brauereirösser aufsteigen wollte. Der Plan war zum Scheitern verurteilt, das Gros der Brauereien fährt bis heute mit Belgiern und Franzosen.

64

Noch mehr Pressereisen zu Pferd – Die Kalkalpen sehen und sterben

**N**ach dem bisher Gesagten könnte der Eindruck entstehen, Pressereisen seien gefährlich. Das stimmt auch in gewisser Weise, wobei die Probleme meist hausgemacht sind (Visionäre, Pferde, die sich nicht kennen) oder aber die Kollegen sich selbst zu viel zutrauen. Das bizarrste Erlebnis hatte ich während eines Trips in die Kalkalpen. Wahrscheinlich sind die österreichischen Kalkalpen die letzte Gegend Europas, in der es kein Handynetz gibt. Kein Kontakt mit der Außenwelt, dafür aber viel Kontakt mit einer faszinierenden Wildnis im Herzen Europas. Die erobert man am besten zu Pferd! Ich reiste wie immer zu spät an. Die reitenden Kollegen waren schon mit dem Mittagessen fertig, sie saßen beim Kaffee in der »Villa Sonnwend«, einer restaurierten Jugendstilvilla und National Park Lodge, wie man heute so schön sagt. Eine bunte Reitergruppe hatte sich zusammengefunden: eine

> »*Erst wenn der letzte Fluss vergiftet, der letzte Fisch gefangen, der letzte Baum gerodet ist, werdet ihr feststellen, dass man Geld nicht essen kann.*«
> **WEISSAGUNG DER CREE-INDIANER**

Frau mit Dressurambitionen und wertvollem Tier in teurem Stall; eine andere mit Fleecejacke, auf dem der Name der Trainerin prangte. Die Dressurreiterin berichtete von ihrem letzten Turnier, die andere von ihrer Stute und den gemeinsamen Heldentaten. Wie man denn so reite, fragte der Veranstalter. Na, seit Jahrhunderten quasi, und die Dressurfrau legte Wert auf ein »munteres Pferdchen«. Wenige Schritte entfernt lag die Reitanlage »Moar im Hof«, wo die Pferdeverteilung stattfand.

»War da nicht jemand, der unbedingt einen Haflinger wollte?«, fragte Hermann, der Besitzer der Reitanlage. Ich outete mich als bekennende Warmblutverächterin, erntete mitleidige Blicke von der Dessurfraktion und traf Nussbach, *Herrn* Nussbach – so viel Zeit muss sein. Er kam aus Stadl-Paura, dem österreichischen Pferdemekka, keiner von diesen schmalbrüstigen Schickimicki-Haflingern. Keiner mit Edelblut, auch keiner mit Eisbärfarbe. Ein Dunkelfuchs, ein ganzer Kerl. Kleine Mauseöhrchen, ein muskelbepackter Hintern, dennoch überschaubar – im Gegensatz zu den Warmblut-Elchen. Eine Kollegin ritt ein altes kreuzbraves Warmblut namens Muttertag mittenrein in die gestapelten Hindernisstangen, mehrfach wurden Pferde gewechselt, klar, nicht jedes Pferd passt zu jedem Menschen – aber wenn so gar keins passt?

Wanderrittführer Josef wollte eine Stunde ins Gelände, um die Pferde kennenzulernen. Nussbach stampfte voran. Schritt muss ein Pferd haben, viel Schritt! Hinter einer Schranke begann ein Forstweg, Josef trabte an, nur wenige Meter. Schreie, ein Warmblutelch flog von hinten heran. Herr Nussbach legte die Mauseöhrchen an. Ein Tumult brach los, weiteres Geschrei, während ein Reitpony-Hochblut-Mix zappelte und hüpfte. Das war das »muntere Pferdchen«, das wahrscheinlich auch eine »muntere Reiterin« brauchte. Wir hielten uns am Rande des Geschehens, Herr Nussbach fraß. Haflinger besitzen die dankenswerte Eigenschaft, stets das Beste aus jeder Situation zu machen.

Die Proberunde wurde abgebrochen, es ging zurück auf den Reitplatz, das Gesicht von Guide Josef war versteinert. Deeskalation lautete die Devise. Pferde wurden gewechselt, immer neue angereicht. Hermann und Frau Traudi zerrten sie von überall her, es musste doch was

Passendes dabei sein. Das Roulette drehte sich munter weiter, nun war ein zweiter Haflinger vakant: Nilson. In meiner Gutmütigkeit willigte ich ein, ihn zu testen, gab Herrn Nussbach aber sehr ungern ab. Nilson war breit wie ein Kaltblut, ganz gut geeignet, um Spagat zu üben, ansonsten ein netter Knabe! Aber Nussbach taugte der anderen Dame auch nicht. Ich bekam ihn zurück.

Auch ein zweiter Ausreitversuch scheiterte. Krisenstimmung kam auf. Josef und sein Kollege Manfred zeigten zwar Dackelfalten auf der Stirn, bewahrten aber die Contenance. Irgendwie saßen am nächsten Morgen alle auf einem Pferd. Vorneweg die Hafis: Nussbach und Nilson, geritten von einer netten Kollegin, die für ein Westernreitmagazin schreibt, bildeten ein kongeniales Team. Die Gruppe ritt wie auf rohen Eiern, nur Schritt und ohne Anzeichen von Meuterei. Beim Wirt »Wia z' Haus« im Bodinggraben hellten sich der Himmel und die Stimmung langsam auf, es gab ein herrliches Wildragout, ein Hausschnapsl …

Jetzt aber weiter, hinauf zur Ebenforstalm: War ein Galopp drin? Ja, aber die Elchfraktion überholte mal wieder, was Nussbach gar nicht goutierte. Himmel, musste man den Kerl zurückhalten! Beträchtliche Höhenmeter und viele Kurven später wurde er langsamer, Kumpel Nilson war irgendwo zurückgeblieben. Er schleppte auch ziemliches Übergewicht mit, der Gute!

Die Stimmung war mittlerweile gelöst. Das Nachtquartier, die »Werfneralm«, dämpfte sie etwas. Bei Michl Schwarzlmüller gab's durchaus fließendes Wasser, nämlich am Brunnen vor dem Tore, dazu ein Plumpsklo und ein Massenlager. Die Frau mit der Fleecejacke putzte ihr Pferd und schaffte es, sich dabei den Daumen auszurenken. Der stand

nun im 90-Grad-Winkel ab. Michl gab an, auch Sanitäter zu sein, man renke das Ganze am besten ein und tape dann noch. Und man trinke ein Schnapsl. Die Gute reagierte hysterisch, rief nach Notarzt, Uniklinik, WWF, Amnesty … sie wolle mit dieser lebensbedrohlichen Verletzung nicht hierbleiben. Wie gesagt: Es gab kein Handynetz, aber der Michl kannte einen Platz etwa einen Kilometer den Weg hinauf, an einem Baum, in den der Blitz eingeschlagen hatte, etwa bei der dritten Fichte … da gäb's Netz. Wir ritten mit den zwei Hafis hin, am Ende stand ich auf dem Hintern von Herrn Nussbach und reckte das Handy gen Himmel. Wir forderten Hilfe an, die eine Stunde später kam und die Dame abtransportierte.

Inzwischen waren die Ochsensteaks fertig, Hüttenzauber, Hüttengeplauder. Wir befanden uns mitten im Nationalpark, die Alm darf nur in einer gebuchten Tour angeritten werden, hier ist die Kernzone des Parks, der erst 1997 gegründet wurde.

Am nächsten Morgen war die Stimmung wieder am Tiefpunkt, einige hatten sich wohl einen Magen-Darm-Virus eingefangen, nur die Haflingerfraktion war fit, Michls Schnapsl sei's gedankt. Von nun an ging's bergab, hinunter in die »Große Klause«, dorthin, wo der spannendste Teil des Ritts beginnen sollte. Zwei weitere Damen warfen das Handtuch, wir führten nun schon drei Handpferde mit, die uns auch in den Tunneln begleiten sollten, die Tunnel der ehemaligen Waldbahn nämlich. Aus der wilden Waldwelt wurde das Holz hinausgetriftet, weil die Eisenverhüttung in der Steiermark einen gewaltigen Holzbedarf mit sich brachte. Das blieb bis 1936 so – aber der Wasserweg war lang, beschwerlich, und das Holz kam häufig beschädigt an. So entstand die Idee einer Waldbahn. Auf zweiundvierzig Kilometern Länge ratterte sie bis 1971 durch unzählige, dem Fels abgerungene Tunnel. Nach dem Abbau der Gleise entstand auf der Trasse ein Rad-, Wander- und Reitweg.

Der erste Tunnel tat sich auf, ein kurzer nur, Kühle umfing uns. Bald folgte eine lange Röhre, ganz weit vorn war das sprichwörtliche Licht am Ende des Tunnels zu sehen. Die Schritte der Pferde hallten, Wasser tropfte von oben, Gänsehautgefühle. Es wurde immer dunkler, man spürte die Irritation der Pferde. Nussbach, der immer langsamer wurde, merkte, dass der dicke Hintern von Nilson im Dunkel verschwand, und stürmte hinterher. Langsam wurde es wieder heller – Durchatmen. Den nächsten langen Tunnel wollte Josef im Trab durchreiten. Noch mehr Gänsehaut, die Akustik war gewaltig, jetzt ließ Nussbach Nilsons Hintern aber nicht mehr aus den Augen. Und dann kam Muttertag einfach angeschossen, die Reiterin ohne Zügel, panisch. Weil Pferde eben auch Herdentiere sind, kam auch dieses endlich zum Stehen.

Die Reiterin saß ab und schwor heulend, nie mehr zu reiten, redete vom Weltuntergang, vom ewigen Dunkel, dass sie sterben wolle – ein Fall für eine Therapie, wie mir schien. Sie musste nicht sterben, wir hatten noch Handpferde genug. Als wir schließlich auf dem Bergbauernhof der liebenswerten Familie Schausberger ankamen, war unsere Gruppe von acht Reitern auf vier geschrumpft, jeder mit Handpferd. Herrn Nussbach war das egal, er hatte die Koppel im Blick, wo die Weide rief, damit er nicht vom Fleisch fiel!

Haflinger – Mit eigenem Sinn

Sture fette Büffel! Das sagen nicht wenige. Stimmt! Universal einsetzbare wunderschöne Bergpferde mit Ausstrahlung und Charakter, sagen die anderen. Stimmt auch! Jedes Pferd ist nur so gut wie seine Ausbildung, jedes Pferd nur so gut wie sein Reiter. An den Haflingern scheiden sich die Geister. Sture Verweigerer oder kongeniale Partner?

Zur Klärung dieser Frage muss man einen kurzen Exkurs in ihre Entstehungsgeschichte machen: Aus der Anpaarung des orientalischen Hengstes »133 El Bedavi XXII« mit einer galizischen Landstute wurde im Jahr 1874 beim Züchter Josef Folie in Schluderns (Südtirol) ein Hengstfohlen geboren, das den Namen »249 FOLIE« bekam. Der kleine Hengst war ein Goldfuchs mit dem typischen Aalstreifen der Mutter und wurde als »Muskelpaket mit Araberadel« beschrieben. Alle sieben Blutlinienbegründer der Haflingerzucht gehen ausnahmslos auf diesen Hengst zurück. Die Blutlinien werden mit den Buchstaben A, B, M, N, S, St und W bezeichnet. Die Hengste erhalten dabei stets einen Namen, der denselben Anfangsbuchstaben wie der Name des Vaters trägt.

Weil es vor allem Bauern und Händler vom Tschöggelberg und aus Hafling waren, die robuste Pferde als Trag- und Reittiere brauchten, entstand der Name »Haflinger«. Er wurde später durch einen Erlass des k. k. Ackerbauministeriums vom 2. Mai 1898 festgelegt. Als Saum- und Tragpferde erwiesen sich Haflinger besonders beim Militär als fast unverwüstlich. Lange waren sie die einzigen Landwirtschaftshelfer in den steilen Berghängen. Mit der großen Motorisierungswelle gerieten die Haflinger ins Abseits, ein Schicksal, das sie mit vielen anderen Robustrassen teilten. Reiten war Luxus, und erst mit der Freizeitreiterwelle fanden sie wieder Fans. Wie der Name schon sagt, waren das Reiter, die in ihrer knapp bemessenen Freizeit ums Haus ritten. Weil der tierische Freund so süß war, bekam er vor allem eines: viel Essen, weil Füttern ja Liebe bedeutet. Zwei Dinge verzeiht der Hafi nicht:

Unterforderung und Überfütterung. Einem extrem leistungsbereiten und zudem sehr leichtfuttrigen Tier setzt man damit wirklich böse zu.

Nordtirol ist neben Südtirol das Stammland der Haflinger und definitiv führend in der Zucht und Aufzucht. Alle Zuchthengste gehören dem Haflinger-Zuchtverband, und der greift auch ein, indem er zum Beispiel dazu anhält, eine Elitestute in einem bestimmten Zeitrahmen mit einer schwächeren Blutlinie zu belegen. Zucht ist in Tirol pure Genetik, und die Hengstauswahl kennt keine Kompromisse. Beim Haflinger-Pferdezuchtverband Tirol ist eine Einkreuzung mit einem Pferd einer anderen Rasse nach dem Hengst Folie auf Hengstseite nicht erlaubt. Bei Stuten gilt das Schließen des Zuchtbuches 1920. Danach ist keinerlei Fremdbluteinkreuzung erlaubt. Die Welt-Haflinger-Vereinigung zielt ebenfalls auf Reinzucht ab, erlaubt aber einen Fremdblutanteil bis zu 1,56 Prozent. Für Haflinger mit einem Araberblutanteil wurden eigene Zuchtbücher als Edelbluthaflinger und Arabo-Haflinger eröffnet.

Ponygeschichten –
Von Offenställen, Kasperlköpfen
und Meterlingen

Beim Einstellbauern Sepp lief es nicht mehr rund, wir zogen in einen Offenstall um. Ein Quantensprung, befand eine Bekannte, und endlich artgerecht. Boxen sind nicht unbedingt böse, Offenställe nicht immer artgerecht. Wirklich pferdegerechte Offen- oder Aktivstallhaltung hat einen enormen Platzbedarf und ist teuer. Man pachtet nicht einfach vom Bauern einen zugigen Stadl auf einer Feuchtwiese. In unserem Fall gab es einen befestigten Auslauf, der Matsch kam erst weiter draußen. Unserer hatte auch einen einfriersicheren Wasserhahn, aber zu klein war der Stall allemal. Fenja und Fjölla standen bei Schlechtwetter drin, Falco draußen. Sogar Vicky drängte sich manchmal hinein, Stutensolidarität halt. Falco aber stand immer mit dem Hintern im Regen, Schnee oder Sturm. Zu fressen bekam er auch sehr wenig, und nach einigen Wochen war er unreitbar. Er war einfach zu erschöpft.

Nein, Offenstall heißt nicht »Stadl am Ende der Welt, wo arme Isis – die trifft es besonders oft, weil sie ja sooo robust sind – bis zur Hüfte im Schlamm versinken«. Offenstall bedeutet Ruheräume und Unterstände, die bei Bedarf auch Platz für das rangniedrigste Pferd bieten. Wichtig sind mehrere Ausgänge, damit kein Pferd sich bedrängt fühlt. Mehrere Futterplätze sollten vorhanden sein, damit es nicht zu Verteilungskämpfen kommt. Unsere Pferde stehen nachts in Boxen, jedes bestimmt sein Fresstempo allein und kann ruhig und sicher liegen. Tagsüber leben sie im Herdenverband. Die Artgerecht-Fraktion wird einwenden, das sei bestenfalls ein Kompromiss. Das mag schon sein.

Hätte ich eine leer stehende Halle mit Zwischenwänden und endlos viel Platz, hätte ich Sandböden und Magerwiesen, dann gäbe es einen Offenstall! So funktioniert es in Teilen Frankens oder der Oberpfalz auch in großartigen Konzepten. Wir aber reden hier vom Allgäu mit Moorboden, und Falco, das Weichei, steht oft bei Regen am Zaun und wiehert: »Holt mich rein, ich hasse Nässe!«

Vor gar nicht so langer Zeit zog Michel aus Lönneberga bei uns ein. Ein kleines dänisches Pferd, das schon quer durch Europa verkauft worden war. Im letzten Stall, einem Offenstall mit ständig wechselnder Herde, war er getreten und zerbissen worden, er hatte hinten einen unklaren Gang, ging nicht wirklich lahm, aber auch nicht korrekt. Für ihn stand es auf der Kippe, ob er den Weg zum Schlachter antreten musste. Michel zog in eine Box. In der ersten Nacht schlichen wir in den Stall. Er lag und schnarchte! Am dritten Tag sah er schon deutlich wacher aus, die Augen wirkten klarer, der Blick pfiffiger. Nach einem Monat war er wie ausgewechselt. Er spielte mit unserem Huzulen, der ein Kasperl-

kopf ist, das herrliche Spiel »Wir beißen uns in die Halfter«. Er stieg den anderen auch mal an, er hatte Spaß. Der rangniedere Wallach auf der Flucht wandelte sich zum ausgeschlafenen Tier. Ob er je voll einsetzbar sein wird, ist unklar. Selbst wenn er nie mehr als ein Pferd zum Spazierengehen ist, Michel bleibt. Er ist ein höflicher, aufgeschlossener Kerl, ein Pazifist, der keinen Ärger will. Er hat das gewisse Etwas, das mich an Fenja erinnert.

Apropos Huzule: Vigor ist unser Kasperlkopf mit der Speziallackierung. Huzulen sind Karpatenponys, man sagt den Stuten nach, sie würden auch mal Wölfe attackieren, um ihre Fohlen zu schützen. Vigor ist ein gescheckter Wallach, dessen Schwarzanteil wohl teils ausschimmeln wird. Er muss nichts verteidigen – ausgenommen vielleicht die Tatsache, dass er etwas von einem Maultier hat. Er kann regungslos stehen bleiben. Man kann ihn aufs Paddock führen wollen, und dann steht er davor. Eisern. Zerren, ihn bezirzen oder mit der Gerte vorwärts treiben hilft nichts. Am besten tut man nichts und ignoriert ihn.

Wenn ihm langweilig wird, setzt er sich in Bewegung. Vigor ist ein sehr spezielles Tier. Er steigt auf Podeste, gibt Huf oder Bussi und zieht Lutz den Hut vom Kopf. Jeder Zirkus würde ihn lieben. Er hat zudem sagenhafte Gänge für so einen Ponytypen und kann auf Zirkeln galoppieren, die jedes Polopferd vor Neid erblassen ließen. Er kann alles – wenn er eben nicht gerade steht!

Und dann wäre da noch Littlefoot, dessen Motto lautet: Wer größer ist, ist doofer! Eine Bekannte musste ein Shetty abgeben. Eigentlich war es für den Mann gedacht, um damit Kutsche zu fahren. Aber Little war nun wirklich ein Zwergerl! Achtundachtzig Zentimeter Stockmaß, nichts als Mähne! Was macht man mit einem Shetty? Das ist die Schicksalsfrage für alle Shettys, denn sie sind oft nur Rasenmäher, man will etwas Nettes für die Kinder. Aber diese »Meterlinge« mit Charakterkopf sind nicht immer nett! Keiner wird als Lump geboren, er wird erst dazu gemacht. Shettys werden sehr oft falsch gehalten. Es sind Pferde, kleine zwar, aber für sie gilt alles, was für die größeren Verwandten auch gilt. Sie sollten im Herdenverband leben, sie brauchen regelmäßig den Hufschmied, damit sie nicht mit Hufen wie Schnabelschuhe dastehen, was man leider oft sieht. Wie bei den Züchtern der Großen bedarf es Einfühlungsvermögen und Erfahrung, um die richtige Stute mit dem richtigen Hengst anzupaaren. Das macht Artur Nieberle, »Mister Pony«, in Bayern. Nieberle beweist der Reiterwelt, dass Shettys keine verfetteten, krummbeinigen Kugeln mit Nähmaschinengang sein müssen. Bei entsprechender Zuchtauswahl kommen korrekt gebaute Ponys heraus, die durchaus raumgreifend, elastisch und leichtfüßig daherkommen. »G'rade Füße müssen s' haben, guten Schritt und Trab, und nicht stopseln.« Mit einem kleinen, gut proportionierten Kopf mit breiter Stirn, diesen hinreißenden freundlichen Ponyaugen und den kleinen »Mauseohren«. Mit typischem Körperbau im Rechteckformat, breiter Brust und Muckis an der Hinterhand. Diese Meterlinge sind im Verhält-

> *»Der glückliche Mann verliert seine Frau, der unglückliche sein Pferd.«*
> **AUS GEORGIEN**

78

nis zu ihrer Größe extrem kräftig und angesichts ihrer Genügsamkeit wahre Leistungswunder.

Little ist zwar kein Hengst, sondern ein Wallach, glaubt aber, ein Hengst zu sein. Unverfroren legt er sich mit den Größeren an, denn Gefahr besteht für ihn wenig. Little ist so wendig und schnell, dass er mit einem eingesprungenen Ponyberger und einem dreifachen Ponyloop weg ist, bevor die Großen überhaupt reagieren.

Und Little hat seine Reiterin Susi, jedenfalls einstweilen. Susi wächst, sie ist schon zu lang, wiegt aber kaum etwas. Die beiden bilden ein kongeniales Team. Little buckelt wie ein Bronco, Susi hält dagegen. Little wendet in der Luft um hundertachtzig Grad, Susi lacht und hält. Little legt vor dem Hindernis eine Vollbremsung ein, Susi jauchzt und hält. Wenn sie dann doch mal den Abflug macht, sieht sie ihm anschließend tief in die Augen. »Du Trottel, du!«, will sie wohl sagen. Sonst ist er nämlich der Schatzi.

Little ist auch der Star beim Pferdetrekking, wir sind jedes Mal schweißgebadet, wenn alles geklappt hat. Denn Little beherrscht Showeinlagen wie das Gehen auf den Hinterbeinen, das zeigt er manchmal auch mit Reiter. Little muss von Lutz geführt werden, den nimmt er zumindest ernst und springt ihm auch quasi in den Schoß, wenn er Angst bekommt, etwa vor Traktoren und anderen Landmaschinen. Die sind, gemessen an 88-Zentimeter-Stockmaß, wirklich bedrohlich groß. Als wir mit Little einen Leonhardiritt besuchten, passierten er, seine kleine Reiterin und Lutz die hohe, wirklich bedrohliche Echelsbacher Brücke. Dann kam ein großer Bus. Das Pony stand und steckte eines seiner Vorderhüflein anmutig in die Brusttasche von Lutz' Janker. Ein Bild für die Götter: Lutz ist recht groß, Little recht klein.

Shettys sind sehr gelenkig, sehr schlau und absolut einzigartig, denn niemand weiß wirklich, was in diesen pfiffigen kleinen Köpfchen so alles vorgeht.

Shetty ist nicht gleich Shetty!

Shetland Original: Ihre Ahnen sind pure Engländer und Schotten, der Werbeslogan lautet: »In der Reinheit liegt die Kraft!« Von den rauen Shetlandinseln stammend, sind ihre Ansprüche an Futter und Stallung mehr als bescheiden. Zum Reiten und besonders zum Fahren sind sie bestens geeignet. Die Widerristhöhe beträgt bis zu 106 Zentimeter Stockmaß. Alle Farben außer Tigerschecken sind erlaubt.

Deutsches Classic Pony: Die Sportcracks unter den verschiedenen Shetland-Rassen. Weil sie auch amerikanische Verwandte besitzen, hat man sie in Deutschland zu einer eigenen modernen Kleinponyrasse zusammengefasst. Von ihnen haben sie die Eleganz und Größe geerbt, von den englischen Verwandten die Genügsamkeit und Robustheit. Sie dürfen etwas größer werden als die anderen Shetlandrassen (bis 112 Zentimeter Widerristhöhe), alle Farben sind erlaubt.

Deutsches Shetland Partbred: Sie sind zwar ähnlich genügsam und charakterlich angelegt wie die hochadligen Verwandten der Shetland-Originalrasse. Ein paar außereuropäische Blutspritzer haben ihnen jedoch oft zum Beispiel zusätzlich reizende Tigerschecken eingetragen, die die Originale nicht haben (dürfen). Alle Farben und ein Stockmaß bis 112 Zentimeter sind erlaubt.

Shetland Mini Original: Das sind die Kleinsten im Reigen der Ponys, aber ohne Zweifel die Pfiffigsten. Das Stockmaß reicht bis 87 Zentimeter. Wie bei den »großen« Verwandten ist kein Tigerscheckblut erlaubt.

80

Shetland Mini Partbred: In dieser Gruppe werden Mini-Ausgaben von Pippi Langstrumpfs Kleinem Onkel zusammengefasst, alle Shettys unter 87 Zentimeter Widerristhöhe, bei denen ein Spritzer Tigerscheckblut in den Adern fließt.

Ist Ponyreiten nicht Tierquälerei?

C Hände weg, wenn Ponys den ganzen Tag mit dem Sattel auf dem Rücken angebunden herumstehen und auf neue Reiter warten. Tiere müssen klare Arbeitszeiten haben, danach aber auf die Koppel oder das Paddock entlassen werden, wo sie sich wälzen können, Sozialkontakte pflegen und dösen.

C Wie leben die Ponys? Sind die Unterstände oder Boxen trocken, haben sie genug Platz, damit sich ranghohe und rangniedere Tiere aus dem Weg gehen können?

C Sieht man ungesattelte Ponys, die im Rückenbereich weiße Haare haben oder gar wund sind? Das deutet auf Satteldruck und unpassende Sättel hin.

C Sind die Hufe gepflegt, wirken sie weder ausgefranst noch haben sie die Form langer Schnabelschuhe?

C Völlig unerfahrenen Eltern einfach ein Pony in die Hand zu drücken ist unseriös, weil der Unerfahrene im Maul zerrt und mit dem Tier auf Konfrontationskurs geht anstatt zu kommunizieren.

C Geht es nur ums Draufsitzen, oder werden Ponys als Ganzes betrachtet? Dürfen die Kinder putzen, wird ihnen erklärt, wie Ponys denken und fühlen?

C Gibt es erfahrene erwachsene Ansprechpartner und nicht bloß ein Heer an dreizehnjährigen Helfermädels, die um die Ponys herumwuseln?

Kinderreiten –
Augen auf bei der
Reitstallwahl

ir bieten Pferdetrekking für Kinder an. Dabei sind meist acht Kinder mit vier Pferden unterwegs, eine Gruppe führt, eine reitet. Wir putzen vorher und erklären viel über das Wesen der Pferde. Wir ermöglichen Stadtkindern, mit Tieren in der Natur unterwegs zu sein – und welch Aha-Erlebnis für so manche Mutter: Das lauffaule Computer-Kid joggt fast – weil eben Pony Littlefoot dabei ist. Wir geben auch ein wenig Reitunterricht, ganz behutsam, für Mensch und Tier. Dass wir mit dem Trekking anfingen, ging, wie so oft im Leben, auf zwei Schlüsselerlebnisse zurück.

Ich sollte für ein Magazin eine Reportage über eine junge Reiterin machen: Lena, die auf dem Weg nach oben war. »So was Nettes, Liebes halt, so 'ne Pferdemädel-Geschichte.« Ich begab mich zum Turnierplatz, zweites Stechen, bei den Konkurrenten lagen die Nerven blank. Einer war schon zum dritten Mal auf dem Klo, ein anderer hatte vergessen, den Sattelgurt wieder festzuziehen, und stürzte zu Boden. »Bei dir haben sie aber auch die Nachgeburt großgezogen«, ließ sich das Mädchen vernehmen, das ich porträtieren sollte. Puh, das zeugte aber nicht von Kinderstube! Sie ritt in den Parcours, als ob sie sich auf dem Kriegspfad befände. Kein Abwurf und eine überirdische Zeit, das alles mit der Mimik einer dieser Amazonen, die ausziehen, um ein großes Reich zu erobern. Sie vollführte Wendungen, die einem Polopony zur Ehre gereicht hätten; dass es dem großrahmigen Hannoveraner dabei nicht die Haxen wegzog, grenzte an ein Wunder. Sie gewann, natürlich.

Nach der Siegerehrung zischte sie dem Zweitplatzierten zu: »Na, Scheißerchen, hast du deine Verdauung wieder im Griff?« Für die etwas fülligere Richterin fiel noch eine »fette Sau« ab. Ihren Hänger rangierte sie selbst und nahm dabei ein Absperrband mit. Den Ordner, der sich mit einem Sprung zur Seite rettete, bedachte sie mit einem Stinkefinger. Ach, das konnte ja was werden mit der Geschichte!

Sie wohnte noch bei den Eltern, Stall und Reitplatz lagen praktischerweise nebenan. Sie öffnete selbst die Tür und trug mit verheulten Augen ein in einen Fleecepulli eingeschlagenes Zwergkaninchen auf dem Arm. »Mei, das Hasele ist ganz arg krank. Ich trag's schon den ganzen Tag rum, es muss warm gehalten werden, sagt der Tierarzt.« Ich murmelte mitfühlende Worte, war aber schon zu sehr von der Szenerie gefangen, die sich vor mir auftat: Das Wohnzimmer war mit Tierpostern tapeziert. Das Sofa war rosa und über und über mit herzförmigen Kissen bedeckt. Sie drückte mir unendlich behutsam das »Hasele« in den Arm. »Ich mach mal schnell Tee.« Während ich dem Löffelohr die Backe kraulte, kam sie zurück und trug ein Diddl-Maus-Teeservice auf, aus dem ein intensiv aromatisierter Früchtetee dampfte. Ein tischhoher Mischlingshund namens »Butzele« und ein einäugiger Sieben-Kilo-Kater, »der liebe alte Maunzele«, vervollständigten das Stillleben. Das Mädchen war übrigens dreiundzwanzig Jahre alt.

Auf meine Fragen antwortete sie artig, zog Fotoalben heraus, in dem jedes Bild in Kinderschrift bezeichnet war. Daneben pappten goldene Klebeherzchen. Natürlich besuchten wir auch den Stall, wo noch mehr Poster hingen und sich auf einem Regal zwischen Futterzusätzen pinkfarbene Plastik-Ponys tummelten. Zwei Shetties, »das Mäxle und das Wuschele«, leisteten dem riesigen Wallach Gesellschaft, den ich schon gesehen hatte und der »so ein lieber Kerle isch«. Es gelang mir irgendwann, ihre Lobes- und Liebeshymnen auf den Wallach zu unterbrechen und mal ganz vorsichtig anzufragen, wie es denn käme, dass sie auf Tur-

> *»Eine Wolke hängt an der Spitze des Berges, mein Herz hängt an meinem Pferd.«*
>
> **INDIANISCHES SPRICHWORT**

nieren doch einen leicht aggressiven Eindruck hinterließe. Sie blickte mich mit einem Gesichtsausdruck an, der dem arg kranken Hasele ähnelte. »Ja, das sagt mei Papale auch immer. Aber ich weiß auch nicht, da hab ich plötzlich den Killerinstinkt. Da kenn ich mich gar nicht mehr.« Eine Miss Jekyll und Frau Hyde also, die es im Turniersport sicher noch weit bringen würde. Ach ja, dem Hasele ging es am nächsten Tag wieder besser. Sie rief mich eigens an, um mir das mitzuteilen.

Die zweite Initialzündung kam von einer Freundin: »Meine Tochter reitet jetzt. Du hast es doch auch so mit Pferden. Magst du dir das nicht mal anschauen, ob das in Ordnung ist?« Klar, wo denn? Als ich an der Adresse in der Nähe von Weilheim ankam, war ich ein bisschen spät dran, die Stunde hatte wohl schon begonnen. Die Kinder seien in der Halle, sagte ein junges Mädchen. Halle? Wo war denn hier eine Halle? Das Mädchen machte eine fahrige Handbewegung in Richtung eines windschiefen Stadels. Den betrat ich durch eine knarzende Tür, die ins Tor eingelassen war, worauf mich schlagartig Düsternis umfing. Das Auge brauchte eine Weile, um sich an das Dämmerlicht zu gewöhnen. Einzige Lichtquelle war eine Neonröhre, die flackernd um ihr Überleben kämpfte, durch einige vermoderte Bretter fiel zusätzlich ritzenweise Tageslicht ein. Im Halbdunkel trabten Haflinger – ich glaube, es waren Haflinger –, zehn an der Zahl. Die Tête der Gruppe befand sich zugleich an ihrem Ende, weniger vornehm ausgedrückt: Hafi Nummer zehn stieß mit der Nase an den Hintern von Hafi Nummer eins.

Die Reitlehrerin, kurioserweise ohne Nachtsichtgerät, ließ ihre Gruppe nun über Cavalettis traben. Einer der Hafis, der Optik nach ein junger, kleiner und dynamischer Springinsfeld, mochte den zivilisierten Trab nicht so und machte einen riesigen Satz. Gottlob war das Kind auf seinem Rücken wirklich sehr klein. Alles über Zwergengröße hätte sich wohl den Schädel an der Balkenkonstruktion unterm niedrigen Dach angeschlagen, fürchtete ich. Aber zwei Mädels, die vom Ausbildungsstand her wohl schon weiter waren, durften nun richtig springen, über drei aufgetürmte Cavalettis. Ich war versucht, aufzuschreien und schon mal den Notarzt zu alarmieren. Aber ich lernte eine faszinierende neue Technik kennen. Die Hafis drückten den Kopf nach links weg, die Reiterinnen nach rechts. Eine Meisterleistung der Körperbeherrschung! Zwischen Köpfen und Balken blieb maximal Platz für ein Blatt Papier.

Als die Stunde beendet war, stemmte jemand das Tor auf. Gleißendes Tageslicht blendete mich, es dauerte eine Weile, bis ich wieder sehen konnte. Ich folgte der Tochter meiner Freundin und den Kindern in den Stall, wo, nebenbei bemerkt, einige der Pferde in Ständern gehalten wurden, andere zu dritt in einer Box. Die Kleine war stolz. »Hast du mich gesehen?« Um ehrlich zu sein, nein. Aber man will so einem Zwerg ja nicht den Spaß verderben. »Ja, ganz toll hast du das gemacht.« Während ich auf sie wartete, ging ich nochmals zur Halle. Bei geöffneter Tür entfaltete sie wirklich ihren ganzen baulichen Charme. Eine eingedrückte Westwand, die sich wie eine Blase wellte, Moderbretter, Dachbalken, die alles andere als vertrauenserweckend aussahen, darüber Wellblech. Auch der Belag war beeindruckend. Eine etwa zwei Zentimeter dicke »Schicht« an Hackschnitzeln. Ich wagte mir gar nicht auszumalen, was passierte, wenn so ein Zwerg vom Pferd fiel. Auf den knallharten Boden, gegen die Wände. Auch ein sehr bemühter Schutzengel hat seine Grenzen!

Ich brachte die Kleine nach Hause. Beim Kaffee war Diplomatie gefragt: Meine Freundin hatte nämlich von Pferden nicht die geringste Ahnung. Aufgrund einer gesellschaftskritischen Grundhaltung wollte sie das Kind nicht in so eine Schickischule stecken. Sie habe sich eine angeschaut, wo in der Halle affektierte Mädchen in weißen Hosen ritten,

86

denen das Pferd fertig geputzt angereicht worden war. Das wollte sie nicht. Außerdem hatte sie in München Soziologie studiert und war ab und zu zur Abschreckung in der Uni-Reitschule, namentlich im »Café Reitschule«, gewesen. Dort konnte man Cappuccino schlürfend den Reiteleven zusehen und nach schicken Jura- oder BWL-Studenten Ausschau halten. Sie, die das nie getan hatte, befand jedenfalls: Das sei doch kein Reiten. Da musste ich ihr sogar beipflichten.

Was sollte ich sagen? Mit Sprüchen wie »Die Wahrheit liegt aber in der Mitte« erntete man nur Trotz. Mir fiel eine andere Freundin ein, deren Tochter, die eher von der taffen Sorte war, in einem Islandpferdestall stundenlang Weiden abmisten musste. In sengender Sonne, ohne etwas zu trinken. Die Besitzerin verkaufte das ganz pfiffig: Die besonders auserwählten Mädchen durften misten …

In mir reifte die Idee, dass die Tochter meiner Freundin doch bei mir reiten könnte. Das war der Anfang. Kinder leben heute so weit entfernt von der Natur. Sie haben durchgetaktete Tage wie Topmanager, mit Schule, Hausaufgaben, Chinesisch für Viertklässler, Klavierstunden und Taekwondo. Auch ihre Eltern kommen kaum noch vor die Tür. Seither machen wir Pferdetrekking mit Kindern.

Wahnsinn Pferdesteuer

Er hätte sicher Besseres zu tun. Aber Dieter Rügemer, Vorsitzender für den Allgemeinen Pferdesport beim Bayerischen Reit- und Fahrverband, hatte in den letzten Jahren vor allem eine Aufgabe: den Politikern mit Engelszungen klar zu machen, dass Reiter eben nicht die Geldigen und Großkopferten sind, sondern meist Jugendliche. Berichte über einen Hengst wie Totilas, der zehn Millionen kostet, heizen die Neiddiskussion aber immer wieder an. Dabei ist das eben nur die Spitze des Eisbergs. Mitte Dezember 2012 hatte die hessische Kleinstadt Bad Sooden-Allendorf als erste Kommune in Deutschland eine Satzung zur Erhebung der Pferdesteuer beschlossen. Diskutiert wird über diese Maßnahme auch anderenorts.

Dass hier zum ersten Mal ein Sport mit Abgaben belegt wird, dass man viele Arbeitsplätze gefährdet, dass Pferde ein wertvolles Glied in der Grünlandbewirtschaftung sind, dass man ganze Landwirtschaftszweige gefährdet, wird wohl nicht bedacht. Kinder und Jugendliche lieben Pferde nicht nur, Pferde leisten auch einen weltvollen Beitrag für deren Sozialisation. Wer mit Pferden arbeitet, ist emotional ausgeglichener, teamfähiger und verbringt mehr Zeit an der frischen Luft als vor dem Computer! Die bisher vor allem in Hessen eingehobene Steuer bestraft vor allem junge Menschen (mehr als die Hälfte der organisierten Reiter ist unter einundzwanzig)!

Es gibt in Bayern geschätzte hundertdreißigtausend Reitpferde, in ganz Deutschland rund eine Million Pferde. Der durchschnittliche Umsatz pro Pferd liegt bei etwa fünfhundert Euro im Monat, und an einem Sport-

pferd hängen fünf Arbeitsplätze in den Sparten Stall, Futter, Schmied, Pferde-hänger und Zugfahrzeug, Lehrwesen oder auch Pharmaindustrie. Sogar das Bayerische Landwirtschaftsministerium räumt ein, dass pro Pferd und Tag eine Kostensteigerung von fast zwei Euro entstünde. Von steigenden Ener-giekosten bei Diesel zum Beispiel ist dabei noch gar nicht die Rede. Wenn Minister Brunner davon spricht, dass man 2020 vier Millionen Hektar Agrar-fläche mit Pflanzen für Biogasanlagen- und Biosprit belegen könnte, müsste die Welt eigentlich aufheulen. Das wäre ein Viertel der Gesamtagrarfläche in Deutschland! Menschen und auch Tiere müssen aber essen, und die ersten Auswirkungen sind bereits erkennbar. Wo früher Heu gemacht und verkauft wurde, wächst jetzt Mais als Monokultur.

Eine solche Steuer hätte massive Folgen für den Tierschutz. Wenn wir schon vom Gnadenbrot reden, von Pferden, die nicht mehr voll einsatzfähig sind, reden wir auch von Menschen, die bereit sind, Geld (Unterbringungs-kosten, Futter, Tierarzt, Medikamente) aufzuwenden, um einem Tier noch ein würdiges Seniorenleben zu ermöglichen. Wer das tut, ist kein Superrei-cher, das sind ganz normale Tierfreunde. Aber bei einer Pferdesteuer von 750 Euro im Jahr müssten sehr viele der Pferderentner den Weg zum Schlach-ter antreten. Außerdem entstünden Grauzonen, wo in dubiosen Offenställen auf billigstem Niveau Pferde gehalten würden bzw. vegetierten. Das Geld, das in die Steuer flösse, würde dem Pferd anderswo fehlen.

Die Pferdesteuer ist ein Verstoß gegen den Tierschutz!

Fohlen –
Baby, ich will ein
Kind von dir

Kennen Sie diese Damen? Die auf einmal aus allertiefstem Seelengrund stöhnen: »Ich will ein Fohlen!« So wie frau sonst aufstöhnen würde: »Ich will ein Kind!« Ich erspare uns jetzt mal all die laienpsychologischen Theorien über das Thema Kind-Ersatz bei Tierhalterinnen. Lassen wir mal alle tiefenpsychologischen Fragen außen vor, bleibt beim Kinderwunsch eines doch gleich: Das Kind braucht einen Vater, im Fall der Stute also muss ein Hengst her. Und da erleben wir nun Außerordentliches: Von wegen, frau sei emotional und spontan, im Gegenteil: Mit wissenschaftlicher Akribie werden Zuchtbücher gewälzt, die Homepages diverser Hengsthalter gecheckt, Noten bei Körungen verglichen. Das Beste ist gerade gut genug. Würden die Damen bei der Auswahl ihres eigenen Lovers doch nur auch so sorgfältig vorgehen.

Ganz schlimm wird's in der Islandszene: »Aber der hat bloß ne 7,5 im Tölt!« Mensch, Mädel, bei deinem Tier ist es eigentlich völlig egal, welche Töltnote der Vater in spe hat, denn selbst wenn das Erbgut zu hundert Prozent vom Vater käme, dann würde das Fohlen immer noch nicht tölten und ein genauso schlechter Schweinepasser werden wie die Frau Mama. Nichts gegen Stute Halldora fra Husavík, aber bloß weil sie so einen klingenden Namen hat, wird sie auch nicht schöner. Der Rücken zu lang, der Hals zu tief angesetzt, das Gangwerk eine Katastrophe: Tölt null, Trab zackelig, Pass unkontrollierbar im Wechsel mit Galopp. Nun muss nicht jeder Isländer Fünfgänger sein, und darf auch bloß ein heiß geliebter Dreigänger sein, er darf sogar bloß drei Beine haben, wenn er geliebt wird, und er darf einen Senkrücken und schlechte Hufe und ein Ekzem dazu haben. Weil das Tier eben so lieb ist, scheufrei, kinderlieb. Wunderbar. Aber züchten muss man damit nicht!

Trotzdem ist frau mit einer bemerkenswerten Ignoranz gesegnet, wenn es um die eigene Stute geht. Doch, kein Zweifel, Schönheit liegt im Auge des Betrachters! Bloß – sticht das Argument, man wolle das Fohlen ja bloß für sich selbst? Man sei ja kein Profizüchter, der verkaufen wolle. Alles gut und recht, aber wenn das Fohlen Mamas krumme Beine und brüchige Hufe erbt, grenzt das an Tierquälerei!

Als die Deutsche Reiterliche Vereinigung e.V. vor Jahren mal den Ruf »Züchtet!« in die Welt hinaus erschallen ließ, tat sie sich keinen Gefallen

> *»Wünsche sind nie klug. Das ist sogar das Beste an ihnen.«*
> **CHARLES DICKENS**

damit. Nochmals: Es gibt viele liebe, reizende Pferde mit großartigem Charakter, aber sie eignen sich einfach nicht zur Zucht. Und wer das immer noch nicht glaubt, der gedenke all der Haflingerfohlen, die es immerhin zu Wurstwaren und Katzenfutter brachten, als in den Achtzigerjahren wirklich jeder Bauer mit wirklich jeder Stute züchtete und diese Armee an armen Fohlen wirklich keiner haben wollte. Zuchtverbände haben längst reagiert, beraten ihre Mitglieder und finden auch mal ein offenes Wort: »Reite das Tier, werde glücklich, aber züchte nicht.«

Privatleute sind da leider beratungsresistent, und oftmals will man ja auch gar kein Rassepferd züchten, sondern lustige Bastarde. Wohlgemeinte Ratschläge von Stallkollegen werden abgeschmettert. Wieso sollte frau die zarte, zu klein geratene Stute unbestimmter Rasse nicht mit dem Eins-fünfundachtzig-Kracher decken? Das Fohlen würde dann doch größer. Möglicherweise, Mädel, sofern die bedauernswerte Pferdemutter es schafft, das Monster rauszupressen. Oder die Mädels, die unbedingt einen Hengst haben wollen. Zur Zucht ungeeignete Hengste – und das sind die meisten – werden nette, zufriedene Wallache, die ihre Gene eben nicht weitergeben. Dafür können sie aber in der Herde leben und verbringen ihre Zeit nicht in Einzelhaft.

92

Schlimmer kommt es nur noch, wenn man auf Farbe züchtet. Getreu dem Motto: Sonderlackierungen haben's leichter. Zwar gibt es den schönen Satz: »Ein gutes Pferd hat keine Farbe«, dennoch wird er selten beherzigt. Für einen Islandpferdezüchter besteht der absolute Traum in einem Windfarbscheckfohlen, eventuell noch mit blauen Augen. Für so einen Zwerg setzt er gleich mal einen Tausender mehr an! Wildpferden war so was wurscht, im Gegenteil: Mit so einer Barbiemähne wären sie ganz schön aufgefallen – und als Pflanzenfresser und Beutetiere wollten sie gerade das nicht! Wildpferde haben bis heute eine Farbe, die je nach Herkunft von einer helleren bis hin zu einer dunkleren Tarnfarbe reicht. Recht ursprüngliche Rassen wie Fjordpferde oder Konik zeigen diese Wildfarben und die Wildzeichen mit Aalstrich und Zebrastreifen an den Beinen noch bis heute. Im dritten Jahrtausend vor Christus begann die Zähmung der Pferde, und wo der Mensch reinpfuschte, da wurde eben auch eifrig an der Farbe gedreht.

Farben sind Modeerscheinung, und beim Pferd ist Schwarz nicht immer negativ belegt. Schwarze Isländer gehen zwar schlechter weg, bei Friesen hingegen ist man stolz auf die »schwarzen Perlen«. Friesen waren nämlich früher durchaus als Schecken, Schimmel, Füchse zu finden, aber es fanden nur noch Rappen Aufnahme in den Zuchtbüchern. Ebenso dürfen Vollblutaraber zum Beispiel nur als klare Farben ohne Schecken auftreten. In allen Rassen gibt es eher unerwünschte Farben und eben auch Modeströmungen. Vor einigen Jahren waren bei Süddeutschen Kaltblütern Rappen extrem gefragt, abzulesen beispielsweise an den Preisen beim Kaltblutfohlenmarkt in Rottenbuch. Nun besinnt man sich wieder auf klassische Füchse mit weißer Mähne. Noch beliebter sind klassische Kohlfüchse.

Haflinger sind nun mal Füchse, hier hat Pech, wer mit einer sehr breiten weißen Blesse oder gar einer Laterne geboren wird. Kleine Abzeichen gelten als eleganter und verkaufsfördender. Da mag das kleine Hengstfohlen mit der Laterne noch so ein netter Kerl sein, der Schlachter winkt. Und was noch ungerechter ist: Bei einem Fohlen mit Badger Face (Dachsgesicht, das ist im Prinzip ein weißer Kopf mit breiter schwarzer Blesse, kommt bei Tinkern vor) gerät der potenzielle Käufer in Verzückung. Alles nur wegen einer Laune der Natur!

Wie entstehen Fellfarben?

Die Farben sind eine Frage der Genetik. Es gibt nur zwei Farbstoffe (Melanine), die im Fell vorkommen: schwarzes Eumelanin und rotes Phäomelanin. Alle von Tieren bekannten Fellfarben entstehen durch unterschiedliche Verteilung dieser beiden Farbstoffe im Fell. Diese beiden können kombiniert oder verdünnt werden oder auch zusätzlich mit Weiß auftreten. Weiterhin gibt es Gene, die diese Grundfarben überdecken oder zu bestimmten Mustern führen. Gene bestehen aus verschiedenen Einzelteilen, den Allelen. Über den Samen des Vaters und die Eizelle der Mutter werden unterschiedliche Gene vererbt. Dabei ergeben sich neue Allel-Kombinationen. Diese können sich dominant oder rezessiv vererben. Bei dominanten Allelen setzen sich bestimmte Merkmalsausprägungen gegenüber anderen durch, bei rezessiven Allelen sind die Ausprägungen unterdrückt. Im Tier schlummern also Gene und damit auch Fellfarben, die es selbst zwar nicht zeigt, die aber weitervererbt werden können.

Gentests sind bei Züchtern nicht unüblich: Beim Scheckungsgen Tobiano wird getestet, ob die Scheckung rein- oder mischerbig vorliegt. So erfährt man, ob der Schecke seine Zeichnung zu fünfzig oder zu hundert Prozent vererbt. Ein Hengst, der nur Schecken zeugt, ist gefragt! Züchter entnehmen entweder eine Haarprobe oder einige Milliliter Vollblut und senden sie ans Labor, etwa ins bayerische »GeneControl« in Grub, meist in der Hoffnung, dass ein Windfarbschecke herauskommen könnte. Der Begriff »Windfarbe« ist eine deutsche Übersetzung des isländischen Begriffs »Vindótt«, der die gleiche Fellfarbe beschreibt. Der offizielle genetische Name ist »Silver«, dabei beeinflusst Silver nur Pferde, deren Grundfarbe genetisch Schwarz bzw. Braun ist, und führt bei diesen zu einer Aufhellung im Haarkleid. Das Gen kommt recht häufig beim Islandpferd, beim Shetland-Pony, beim Comtois oder dem Rocky Mountain Horse vor. In jedem Fall entsteht ein Pferd, das laienhaft gesprochen hellgraubraunes Fell und eine weiße oder silbergraue Mähne hat.

Kolik und Rehe –
Dramen in vielen Akten

an hat schon Pferde kotzen sehen, besagt ein geflügeltes Wort, wenn's darum geht, dass das Unmögliche wahr werden könnte. Leider können Pferde aber wirklich nicht kotzen. Wir machten oberhalb von Immenstadt im wunderbaren Bergbauernmuseum in Diepolz eine Woche lang Trekking mit unseren Pferden. Selbst auf tausend Metern Höhe herrschte eine Affenhitze, über dreißig Grad. Falco trinkt seit jeher sehr viel, bei dieser Hitze war Wasser natürlich noch wichtiger. Er ist allerdings auch verfressen. Museumsbauer Richard hatte mit ganz feinem Strohhäcksel eingestreut. Saugt gut, ist besser verrottbar als Sägemehl – allerdings hatte keiner daran gedacht, dass der Staubsauger Falco die Fitzel vom Boden fressen, dazu redlich und reichlich saufen und dass das Ganze dann quellen würde. Er lag, er wälzte sich, er schwitzte, eine Kolik vom Feinsten!

Der Tierarzt kam, er machte alles richtig. Weil nach der Buscopan-Spritze keine Besserung eintrat, blieb nur noch eines: ab in die Klinik. Die nächstgelegene befand sich in Opfenbach im Westallgäu. Wir kamen gegen 23 Uhr an, eine sofortige Untersuchung folgte, und dann ging's ab in den OP. Zwei Varianten wurden uns offeriert: Entweder man müsse schneiden, oder es gehe ohne ab. Nach zwanzig Minuten kam eine Helferin und bat uns in den OP. »Geht noch so«, rief der Operateur, Dr. Assmann, und: »Nichts anfassen, was grün ist«.

Eine Helferin wurde blass. Ihre Finger verkrampften sich, sie flüsterte: »Ich kann nicht mehr halten«. Gerhard Assmann erinnerte sie: »Ihr

müsst Hanteltraining machen, ich sag euch das immer«. Er selbst triefte. Eine zweite Helferin tupfte ihm unentwegt die Stirn ab, auch die junge Frau, die die Anästhesie überwachte, war am Ende ihrer Kräfte. Es war nach Mitternacht, Assmann arbeitete seit eineinhalb Stunden und ließ irgendwann die Bemerkung fallen, er habe »ein fast erotisches Verhältnis zum Darm«.

Diese Erotik erschloss sich mir nicht. Falco hatte einen Bauchschnitt, aus dem ein schier endloser Schlauch quoll, der Darm des Patienten nämlich. Assmann schichtete ihn, legte ihn zur Seite, knetete. Was für den Laien schrecklich aussieht, ist pure Kunst. Assmann massierte die Reste der Verdauung aus dem Dünndarm in Richtung Dickdarm, nach und nach, er war hochkonzentriert, jeder Handgriff saß.

Als nächstes der Blinddarm! Dieser beim Menschen so lächerliche Wurmfortsatz sah aus wie ein Heißluftballon. Assmann stach eine Nadel mit Schlauch hinein, ein Ding, das aussah wie eine Standfahrradpumpe, hing am anderen Ende. Mit ihr wurde dem Blinddarm die Luft entzogen, pfft! – der Monsterballon erschlaffte. Assmann arbeitet weiter, wie besessen. Irgendwann, Zeit und Raum bekamen ein neue Dimension, schien er alles zurückzustopfen. »Es gibt die Quadranten, wo alles platziert werden muss.« Dann nähte er ein dünnes Häutchen ganz filigran, danach eine dicke Schwarte. »Das ist das Sehnengewebe, das beim Mann den Waschbrettbauch ergäbe, wenn er ihn denn hätte.« Die dritte Schicht war die Haut, die Naht lag am Ende innen.

Um halb zwei fuhr der Patient, wie eine Schweinehälfte an einer Schiene hängend, in die Aufwachbox, eine überdimensionierte Gummizelle. Das war für mich der übelste Moment. Fast panisch schmiss die

Helferin die Tür zu. »Ein neuralgischer Punkt. Das Pferd als Fluchttier erwacht aus der Narkose, ist orientierungslos und kann panisch reagieren.« Die Außenhaut der Box hatte tiefe Beulen, ganz so, als wäre sie mit einem Panzer kollidiert. Durch einen Schlitz spähten wir hinein. Falco machte es lehrbuchartig. Rappelte sich erst in die Bauchlage, wirkte verdutzt und stand dann nach fünfzehn Minuten! »Robustpferde machen oft weniger Stress«, erläuterte Assmann und fügte anerkennend hinzu: »Das ist einer der ersten Norweger, der nicht zu fett ist.« Fette Pferde haben ein höheres Narkoserisiko und sind anfälliger für Herz-Kreislauf-Probleme nach der OP.

Ich zitterte plötzlich, das Adrenalin ließ nach, Assmann schaute skeptisch. Assmann gilt als »Enfant terrible« der Szene. Nein, er sagt wirklich nicht die Dinge, die viele hören wollen. »Die Pferdeszene ist im Wandel: Die Zahl der Profizüchter und Sportreiter nimmt ab, die Freizeitreiterei zu, und eben auch eine Emotionalisierung am und mit dem Pferd. Nun sehnt sicher keiner die Zeiten der total erschöpften Kutschpferde zurück, von Anbindehaltung oder vom Barren – aber die Panik der Laien führt zu falscher Beobachtung und zu Zeitverlusten, die ein Pferd das Leben kosten können. Da ist man dann gleich mit dem Arzt per Du, alle sind ja so lieb, es sind Erzählgemeinschaften, die die Seele streicheln.«

»Krankheiten befallen uns nicht aus heiterem Himmel, sondern entwickeln sich aus täglichen Sünden wider die Natur. Wenn sich diese gehäuft haben, brechen sie unversehens hervor.«

HIPPOKRATES

Es war halb drei: Assmann wollte noch ein Glas Wein trinken, langsam runterkommen. Um neun ging's weiter. Wir fuhren zurück, geschlaucht wie nach einer Bergtour. Falco blieb sieben Tage, erholte sich prächtig, durfte nach Hause. Drei Monate später durfte man langsam wieder anfangen zu arbeiten. Diese Sorte OP geht nicht immer gut …

Es gibt den Spruch: Irgendwas ist immer. Stimmt! Mit den Pferden ist immer irgendetwas: Fenja bekam Hufrehe. Es gibt kaum etwas Schlim-

meres, als ein Pferd in einem akuten Reheschub erleben zu müssen. Vom typischen Rehestand bis hin zu dem Punkt, an dem sie sich weigerte aufzustehen, weil nun mal nur im Liegen der Schmerz nachlässt. Die Schonhaltung kann jedoch dauerhaft gefährlich werden, weil das liegende Pferd anfälliger für Koliken wird und zu wenig Wasser aufnimmt. Nun war Fenja schon immer eine Kämpferin, und Isländer zeigen generell Krankheitssymptome sehr spät. Wir gehörten zu den Pferdebesitzern, die immer vom Frühjahr bis Frühsommer den Pferden die Grasbüschel aus dem Maul rissen, sie extrem lange und sorgfältig anweideten. Aber warum bekam Fenja Rehe? Das passierte ausgerechnet uns, die wir Pferde eben nicht den ganzen Sommer über auf Koppeln parkten. Die Devise des Bauern lautete: »Die Wiese wird abgeweidet, der Gaul macht zuhause keinen Dreck.« Wir diskutierten viel mit ihm, der uns nicht nur lästig fand, sondern auch noch eine gängige Theorie vertrat: Wenigstens im Herbst raus auf die kurzen abgefressenen Wiesen, »weil da wächst ja nix Gescheites mehr«. Und dann kommt die große Stunde der Tierärzte. Leider, denn sie registrieren inzwischen im Frühjahr kaum mehr Probleme mit Rehe, sehr wohl aber im Herbst und Winter! Verkehrte Welt, wo doch eigentlich der eiweißreiche Frühling als kritisch gilt.

Fachleute halten das Eiweiß schon lange nicht mehr für den Verursacher, sondern Fruktane, Oligo- und Polysaccharide, die bei der Photosynthese mancher Pflanzen entstehen und ihnen als Speicherkohlenhydrate dienen. Prof. Dr. Ellen Kienzle von der Universität München, Bereich Tierernährung, hat am intensivsten über Fruktane und Photosynthese geforscht. Angenommen wird, dass Gräser mit Einsetzen des Morgenlichts mit der Photosynthese beginnen. In den Vormittagsstunden ist das Gras am stärksten mit Fruktanen angereichert. Nach und nach ziehen sie sich in die Wurzeln zurück und werden für Pferde ungefährlich. Je intensiver das Licht, desto schneller läuft dieser Prozess ab. Untersuchungen ergaben, dass gerade bei kühlem Wetter die Pflanze stärker photosentiert, um sozusagen ein Depot anzulegen. Der Fruktan-Anteil hat auch mit

einem weiteren Aspekt beim Weidegang zu tun: Hohes Gras oder kurz abgefressene Wiesen? Eigentlich sind hohe Wiesen mit ausgeblühten Gräsern besser, weil sich dann die Fruktane im Gras auf mehr Fläche verteilen und die Konzentration nicht mehr so hoch ist.

Aber all diese Überlegungen beschäftigen sich nur mit einer möglichen Ursache der Rehe, nämlich falscher Fütterung. Aber wir hatten alles richtig gemacht! Was war mit Fenja los? Warum sie? Wir konnten auch exogene Toxine wie falsche Akazie, Eicheln, Wicke, Hahnenfuß oder sogar Herbizide ausschließen. Der Tierarzt nahm Blutproben, die ergaben, dass Fenja deutlich erhöhte Cortisol-Werte aufwies. In solchen Fällen geht die Rehe mit starkem Schwitzen einher, außerdem mit »Zottellook« und/oder Problemen beim Fellwechsel. Die Erfahrung und die intensive Arbeit der tierärztlichen Hochschule Hannover verweisen darauf, dass solche Pferde unter Morbus Cushing leiden (können). Genauer heißt die Krankheit PPID, Pituitary Pars Intermedia Dysfunction. Bei dieser Erkrankung liegt ein Tumor an der Hirnanhangdrüse oder der Nebennierenrinde vor. In beiden Fällen führen Botenstoffe einen erhöhten endogenen Cortisolwert herbei. Wirkstoffe wie Pergolit setzen an diesen Stellen an und verhindern so die vermehrte Synthese. Damit behandelte Pferde bessern sich häufig bis zur Symptomfreiheit und zeigen keine Reheschübe mehr. Die Erfahrung lehrt allerdings, dass das Medikament besser wirkt, wenn der Tumor an der Hirnanhangdrüse sitzt, und schlechter, wenn er in der Nebennierenrinde lokalisiert ist. Die Prognose für solche Pferde ist leider sehr schlecht, weil es immer wieder zu Reheschüben kommt. Vicky hatte auch Cushing, aber bei ihr war das Fellbild immer völlig anders, sie war ein Zottel, bei Fenja hingegen war äußerlich nichts zu sehen.

Bei Vicky griff Pergolit, bei Fenja nicht, wir standen kurz davor, sie einzuschläfern. Sie stand im Schnee, der Tierarzt war ratlos. Ein Isi mit fünfzehn Jahren, sollte das das Ende sein? Fenja konnte kaum stehen und sah zu uns herüber. Dann sprang sie über den Zaun. »Wir können sie nicht einschläfern!« Der Tierarzt telefonierte wiederholt mit Hannover. Fenja wurde versuchsweise mit einem Medikament behandelt, das man bei Nesselsucht einsetzt. Es half, über Jahre, bis wir dann Shiitake-Pilzpulver probierten. Es folgte eine spürbare Besserung, auch beim Fellstoffwechsel, das Gesamtbefinden entwickelte sich deutlich positiv. Die Rehe war besiegt! Fenja ging erst mit fünfundzwanzig Jahren, weil zum Cushing noch EOTRH (Equine Odontoclastic Tooth Resorption and Hypercementosis) kam, eine fürchterliche Zahnkrankheit, und auch bei ihr das Sehvermögen stark nachließ. Waren das, wie bei Vicky, Folgen der Medikamente?

Tiermediziner sind sich durchaus dessen bewusst, dass wir bei der PPID noch am Anfang der Forschungen stehen. Über Langzeitfolgen liegt noch keine Literatur vor. Wir haben viel gelernt, vor allem, dass man als Pferdehalter immer wieder in Sackgassen zu landen scheint, aus denen scheinbar keine Lösung herausführt.

Alter ist keine Krankheit

Nicht nur Menschen, auch Pferde werden immer älter. Das liegt an der verbesserten Haltung, daran, dass Krankheiten erkannt und behandelt werden, nicht zuletzt am Umstand, dass Tiere Familienmitglieder sind. Pferde durchlaufen Phasen. Vom Fohlen zum Jungtier, zum adulten Tier, in die Reifephase (mature) und zum Senior. Wann ein Pferd alt ist, ist individuell verschieden und rasseabhängig. Neben einem rüstigen dreißigjährigen Isi kann der zweiundzwanzigjährige Warmblüter uralt wirken. Alter ist keine Krankheit, sondern ein biologischer Prozess, der zwar genetisch festgelegt ist, aber positiv oder negativ durch die Haltung eines Tieres beeinflusst wird. Wie beim Menschen nimmt die Zellmasse ab (Niere, Muskeln und Gehirn sind betroffen), die Haare werden grau, das Sehvermögen lässt nach, Hufe und Knochen werden brüchig. Ältere Tiere können morgens recht steif sein, und die Besserung tritt im Laufe des Tages ein. Senioren haben das Bedürfnis nach mehr Ruhe und hassen Veränderungen. Im Prinzip wie bei den Menschen!

Das Altern ist unvermeidbar, aber den Prozess zu erkennen ist wichtig. Ein fürsorglicher Besitzer stellt ein älteres Tier, selbst wenn es pumperlgesund wirkt, zwei bis drei Mal im Jahr dem Tierarzt vor (der das Tier und seine Vorgeschichte kennt!). Es gibt Besitzer, die ständig den Tierarzt wechseln, oft aus Kostengründen. Wer fachlich unzufrieden ist, sollte das tun, aber wenn die Chemie stimmt und das Vertrauensverhältnis besteht, dann ist dem Tier mit Kontinuität sehr geholfen. Eine Blutabnahme ist beim Senior sinnvoll. Im Labor werden nach einem expliziten »geriatrischen Profil« Blut-, Leber- und Nierenwerte geprüft. Der Tierarzt kann aus den Ergebnissen eventuelle Schwachstellen ablesen. Er wird auch immer die Mundhöhle untersuchen. Zahnpflege ist gerade bei älteren Pferden extrem wichtig, die Zähne sind bei einem Pflanzenfresser das A und O. Auch die Mundschleimhaut schrumpft – Zahntaschenkeime sind hierbei eine stark unterschätzte Problematik, weil sie Niere und Leber in Mitleidenschaft ziehen.

103

Endzeit –
Es geht um mehr
als ein gutes Gewissen

a, wir haben es nun zweimal durchgestanden. Zweimal war es grausam, bewegend und am Ende doch eine gute Erfahrung. 2012 ging Vicky, vor Weihnachten 2014 Fenja, beide haben uns während einer großen Lebensspanne begleitet. In ihren Augen fand sich die Antwort auf die Frage nach dem richtigen Zeitpunkt zum Gehenlassen. Vielleicht waren wir bei Vicky ein paar Wochen zu spät dran, bei Fenja einige zu früh, aber am Wissen, dass nun ein würdiger Tod kommen musste, änderte das nichts.

Natürlich gibt es die Variante »Schlachter«, aber will man einem alten Tier diesen letzten Stress des Transports zumuten? Man darf das Wort »Bolzenschussgerät« ruhig in den Mund nehmen; die Methode ist wirklich sehr schnell und schmerzlos, und wenn sie auf dem Hof passiert, durchaus akzeptabel. Die meisten Besitzer von Freizeitpferden entscheiden sich fürs Einschläfern. Da kursieren wüste Geschichten in den einschlägigen Foren, dabei wäre es ratsam, Panikmache gegen Fachwissen einzutauschen. Man hört also von den Pferden, die nach der Todesspritze noch aufspringen oder bei vollem Bewusstsein ersticken. Alles Quatsch, sofern man einen seriösen Tierarzt hat! Pentobarbital (Release) ist ein starkes Narkosemittel, das nur dafür vorgesehen ist und nicht zu anderen Narkosezwecken eingesetzt werden darf. Die Tiere fallen schnell in einen tiefen Schlaf, der rasch, schmerz- und reflexlos in den Tod durch Herz- und Atemstillstand übergeht. Manche Pferdebesitzer hätten lieber vorher eine zusätzliche Narkose. Das ist möglich, aber eine Narkose kann manchmal auch sehr langsam anfluten, manche Pferde reagieren paradox darauf.

Wir wollten das ganz sicher nicht so machen, weil wir vor allem bei Fenja wussten, wie merkwürdig sie auf Medikamente reagierte.

Beide Male standen wir im Hof, die zwei alten Pferdedamen kauten jede an einer Karotte. Durch den schnellen Wirkungseintritt erfolgt der Sturz binnen Sekunden. Daran war nichts Schlimmes, es war einfach nur vorbei. Die Tränen, die wir weinten, entsprangen nicht der Verzweiflung, sondern waren welche des Abschieds. Seelen verlassen ihre Hülle sowieso, wovor sollte man sich also fürchten? Ein unschöner Aspekt ist die Abholung durch die Tierkörperbeseitigung, aber es gibt keine Alternativen. Beerdigen darf man Pferde in Deutschland nicht, auch nicht auf dem eigenen Grundstück. Beim Aufladen des Kadavers zuzusehen sollte man sich ersparen, beim Einschläfern aber dabei sein. Das Tier hat einem lange gedient, da darf man die Begleitung auf dem letzten Weg nicht jemand anderem allein überlassen. Es fiel uns schwer, es schmerzte, und doch war es gut so.

Manche im Bekanntenkreis sahen das anders: »Du hättest sie doch noch auf einen Gnadenhof stellen können …« Nein!

Ortstermin auf einem solchen Gnadenhof: Im Schlamm stehen Pferde bewegungslos herum, es hat die letzten Tage über viel geregnet. Zwei Pferde haben noch nicht verheilte Bisswunden, ein Pony steht im Rehestand – ein erbärmlicher Anblick! Was passiert wohl, wenn ein altes Pferd, das zeit seines Lebens in einer Einzelbox stand, plötzlich in eine Herde gezwungen wird, wo Rangkämpfe stattfinden? Was passiert mit einem alten Boxen-Pony, das immer vormittags auf die Koppel durfte und letzter in der Hackordnung war, wenn es plötzlich in einen segensreichen Offenstall integriert wird, wo die Tiere »artgerecht« herumlaufen können, selbst entscheiden, wann sie fressen und schlafen? Die Alphatiere können das, das Omega-Pony hingegen erlebt Stress pur, wird sich nie mehr hinlegen, obwohl es doch »dank« mehrfacher Hufrehe und eines stark rotierten Hufbeins zur Entlastung dringend liegen müsste.

> »*Meistens belehrt erst der Verlust uns über den Wert der Dinge.*«
> **ARTHUR SCHOPENHAUER**

106

In der Gruppe der Resignierten steht auch ein Reitpony, bildhübsch, gerade mal zwölf Jahre alt. Was hat das auf dem Gnadenhof zu suchen? Es wurde gerettet, sollte eigentlich zum Schlachter, weil die zwölfjährige Tochter kurzerhand ein besseres Pony für ihre Jugendturniere brauchte. Das Pony wird einfach zum Sportgerät degradiert. »Eislaufmütter« und »Ehrgeiz-Väter«, die damit den Grundstein für ein bedenkliches Wertesystem legen, in dem nur der Erfolg zählt. Das gibt's bei den Großpferden erst recht, da, wo Geld keine Rolex spielt. Das Pony ist zwar am Leben, aber mit welcher Prognose? Umgeben von Morbiden, von denen keiner so gut laufen kann, um mit einem noch jugendlichen Wallach herumzutollen.

Nun soll das keine Generalverdammung von Gnadenhöfen sein, es gibt auch viele gute Beispiele, aber es geht um Realismus und Menschenverstand. Alte und kranke Tiere brauchen mehr Platz, mehr Betreuung, individuelles Einstreu, genau abgestimmtes Futter, sie brauchen mehr Ruhe und Intimsphäre, mehr medizinische Versorgung – und das kostet viel, viel Geld.

Geld, das im Fall von Gnadenhöfen aus Spenden jener Menschen stammt, die es ja wirklich gut meinen und meist keine Ahnung haben. Und die ihr adoptiertes Pferd dann ab und zu besuchen. Das so lieb stehen bleibt, wenn's die Karotte kriegt. Klar, weil es so lahm ist, dass es gar nicht anders kann! Das im Sommer so süß zottelig aussieht! Klar, es hat Morbus Cushing und leidet furchtbar unter dem dicken Pelz, der dringend geschoren werden müsste, weil es ihn aufgrund dieser Stoffwechselkrankheit nicht mehr loswird. Das wäre Tierschutz und eine Gnade!

Wo keine Prognose mehr greift, da muss ein verantwortungsbewusster Besitzer loslassen können, so schwer das auch fällt. Aber der Kumpel, das Familienmitglied, war über Jahre ein Freund und ist dem

Menschen auf Gedeih und Verderb ausgeliefert. Da gehört es dazu, den alten Freund auf dem letzten Gang zu begleiten. Auch bei Tieren geht es um Würde. Wie wird sich wohl ein Pferd fühlen, das im eigenen Urin liegt und nicht mehr aufstehen kann? Ein Fluchttier, das sich nur noch mühsam dahinschleppt, leidet neben den Schmerzen auch unter psychischem Stress. Pferde sind Lauf-, Steppen- und Herdentiere – davon hängt ihre Lebensqualität ab! Sterben selbst ist unerfreulich und doch ein Teil eines ewigen Zyklus. Ich glaube schon, dass es einem Tier zwei, drei Tage lang schlecht gehen darf. Bei einem jungen Tier kann das nach einer Operation der Fall sein, aber dann rafft es sich wieder auf. Dem todkranken Senior muss man das nicht wochenlang zumuten. Die schwerste Entscheidung eines Tierhalters ist es, »Ja« zur Erlösung von Schmerzen und Leid zu sagen, begleitet von guter Beratung durch einen seriösen Tierarzt, eines ethisch gefestigten, versteht sich, denn an kranken Tieren kann man gut verdienen!

Tierschutz findet immer nur dort statt, wo menschlicher Egoismus, Geldgier und unverarbeitete Emotionen hintangestellt werden. Alte und todkranke Tiere zu »retten« und auf den Gnadenhof zu stellen wirkt zuweilen so, als wolle man sich mit Geld ein gutes Gewissen erkaufen. Geparkt werden die Objekte der Retter dann in besagten Gnadenhöfen, die Retter sind längst wieder unterwegs zu neuen Ufern, die Geretteten sind vergessen, gezeichnet von Resignation – und Wunden.

Es geht auch anders. Seit Juli 2013 gibt es den Verein »Pferdeklappe«. Ich hatte als Journalistin mit Petra Teegen zu tun und war tief beeindruckt: Das mediale Interesse in ganz Europa an der bodenständigen Frau, die über scheinbar unendliche Energie verfügt, war überwältigend. Eine Pferde- statt der Babyklappe, die Medien standen Kopf!

Hinter Ahornbäumen und Buchen liegt eine Pferdekoppel. Wer mit Auto und Anhänger hier hält, kann sein Pferd anonym ausladen. Auf der Weide grasen die »Empfangsjungs«, drei Pony-Wallache, denn ein Pferd, das hier abgegeben wird, würde alleine komplett panisch reagieren. Lange bleibt ein Neuankömmling aber nicht unbeaufsichtigt. »Das ganze Dorf denkt mit«, lacht Petra Teegen. »Die wissen natürlich, dass sie jemand, der sich von seinem Pferd trennt, nicht ansprechen dürfen.

Aber wenn ein Dorfbewohner vorbeifährt, ruft er sofort an: Petra, ich glaube, du hast ein neues Pferd.« Es gibt einen Kasten, in den man Papiere, eine Abtrittserklärung und eine Beschreibung des Pferdes hineinlegen kann.

Nur etwa zehn Prozent der Übergaben finden tatsächlich anonym statt. Viele rufen an und reden sich den Schmerz und die Verzweiflung von der Seele. »Sie brauchen auch jemanden, der sie bestärkt, ihnen sagt, dass das, was sie tun, mutig ist und das Beste für ihr Pferd.« Es geht um eine Restwürde, die wenigsten geben ein Pferd einfach mal so ab. Petra Teegens Geschichten handeln von einer Welt, die sich rasant verändert. Auch sie ist entsetzt über den Verfall der traditionellen Landwirtschaft, über eine Bodennutzung, die alles nur noch für die Biogasanlage anpflanzt. Sie ist Zeugin einer Welt, in der Lebenskonzepte brüchig sind. »Kürzlich bekam ich ein Pferd und ein Pony aus Bayern. Eine Familie, die einen Resthof gekauft hat, Tiere am Haus, beide arbeiten, die Kinder sind schon auf den weiterführenden Schulen. Eines Tages steht die Polizei vor der Tür: Autounfall, der Mann ist tot. Angesichts des Schuldenbergs hat die nun alleinerziehende Mutter kein Geld mehr für zwei Pferde.«

Eine andere Familie fuhr das Pferd auf den Hof, aus dem Auto stiegen fünf weinende Kinder, die nicht einmal Socken in den Schuhen trugen, ein Kleinkind hatte nur Flip-Flops, obwohl es eiskalt war. Petra Teegen hat eine Fundgrube an vergessenen Sachen der Reitschüler, die gibt sie dann solchen Familien weiter. »Das ganze System für die Familien wackelt. Sobald einer aus dem System bricht, beschleunigt ein so teurer Besitz wie ein Pferd den sozialen Abstieg.«

Das ist tragisch für die Pferde. Man versucht es ja noch lange. Man nimmt den billigsten Stall, man pachtet bloß noch eine Weide ohne Unterstand. Es gibt kaum noch Futter. Petra Teegens Konzept ist Tierschutz, und Tierschutz ist immer auch Menschenschutz! Denn sie hört sich wie eine Therapeutin die Geschichten an, in denen ein Verdiener den Job verliert, wo eine Scheidung alles zerbersten lässt. Pferde kommen

längst auch aus Bayern, kürzlich kamen zwei Araber aus Belgien an, ein Haflinger aus Schweden. Und sie reisen auch wieder ab. Petra Teegens Konzept ist deshalb so grandios, weil sie die Pferde weitervermittelt. »Ich führe keinen Gnadenhof!« Das klarzustellen ist ihr wichtig. »Es sollte in den Köpfen ankommen, dass ein Gnadenhof eigentlich noch besser geführt werden muss, noch besseres Futter hat, dass alte Pferde einen Mehraufwand an Pflege bedeuten.« Sie ist keine Verwahrstelle, keine Sammlerin. Bis auf wenige Pferde, die sehr krank sind, die teils auch einen würdigen Tod erfahren durften, finden sie alle einen Platz.

Petra Teegen hat eine Warteliste und ein Netzwerk. Das ist alles eine Frage von meisterlicher Logistik, von Stunden am Telefon und am PC. Und toller Unterstützer im Verein. Petra Teegen, heute Rentnerin, arbeitete als Krankenschwester zwanzig Jahre lang in der Onkologie; sie kümmert sich schon ihr halbes Leben ehrenamtlich um vernachlässigte Pferde. Früher nahm sie Tiere auf, die das Veterinäramt beschlagnahmt hatte. »Meine Hände sind ziemlich kaputt, aber mein Kopf, mein Herz und mein Bauchgefühl funktionieren noch sehr gut«, sagt Petra Teegen. »Ich muss doch etwas Sinnvolles tun.« Im Gegensatz zu vielen Tierschützern ist sie aber auch eine glasklare Realistin. Momentan gibt es zwei weitere private Pferdeklappen in Franken und Thüringen. »Ich wünsche denen viel Glück, aber was da rechtlich und organisatorisch auf einen zukommt, ist gewaltig.« Und genau deshalb funktioniert die Pferdeklappe hier. Weil Petra Teegen neben dem Herz über viel klaren Menschen- und Pferdeverstand verfügt.

Die Verzweiflung wächst

Ein chronisch krankes Tier treibt manchen wirklich in die Depression. Die einen aus finanziellen Gründen, die anderen aus emotionalen. Verkaufen geht nicht, geschenkt will es keiner, ein Gnadenhof ist auch zu teuer. Ein Projekt wie das von Petra Teegen schließt eine Lücke. An Tierärzte wird oft der Wunsch nach Einschläferung herangetragen. Wenn aber keine wirklich medizinische Indikation vorliegt, wird jedoch kein Pferd eingeschläfert. Eine Arthrose, durch die es nur noch im Schritt gehen kann, ist noch kein Grund für den Pferdehimmel. Es gibt fast keine Pferdemetzger mehr, bei den meisten Pferden steht im Equidenpass: »nicht zur Schlachtung«. Bayern verfügt als Land mit hohen Bodenpreisen nicht über endlose Flächen. Längst hat ein regelrechter Gnadenkoppeltourismus nach Schleswig-Holstein eingesetzt.

Aber auch das muss man sich leisten können. Die Schere klappt auf. Wirtschaftskrisen in vielen Ländern tragen das ihrige zur Situation bei. In Spanien ist das Aussetzen und Misshandeln von Pferden genauso Usus wie das Quälen von Hunden und Katzen. Besitzer setzen Pferde in Irland einfach aus, lassen sie wissentlich verhungern, nehmen den Tod durch Verkehrsunfall bewusst in Kauf. Gleichzeitig quillt der Pferdemarkt über, auch weil der Irrglaube herrscht, die fußlahme Stute, die nicht mehr reitbar ist, tauge noch zur Zucht. Es wird zu viel gezüchtet, es wird auch falsch angepaart. Auch bei Uniprofessor und Uniprofessorin muss kein Genie herauskommen. Warum sollte es bei Pferden anders sein? Einige Anstöße zum Nachdenken:

Der Wandel

c In den Nachkriegsjahrzehnten waren Reitpferde Luxus. Heute ist der Pferdebesitz auch in von Armut bedrohten Schichten angekommen.

c In den Neunzigerjahren waren Pferde sehr billig, der Zusammenbruch der DDR, der Fall der Grenzen spülte preiswerte Pferde aus dem Osten auf den Markt.

c Im Pferdeverkauf und bei den Einstellbetrieben ist der Mehrwertsteuersatz von sieben auf neunzehn Prozent angestiegen, man spürt schon deutliche Preissteigerungen. Und wer selbst Heu, Stroh und Sägemehl einkauft, der beginnt sich zu fragen, ob im Heu wohl Diamantstaub steckt und Sägemehl sich zum Goldschürfen anbietet. Der Preisanstieg gefährdet Existenzen, und er ist eng verknüpft mit der Energiewende.

c Vor zehn bis fünfzehn Jahren betrug die Pacht für einen Hektar Weide 80 bis 100 Euro, heute sind es bis zu 700 Euro. Ein Rundballen Heu kostete 2001 etwa 17 Mark. Jetzt beginnt die Preisskala bei 35 Euro, im städtischen Raum reicht sie an 100 Euro heran.

c Ein Großteil der Boxen wird nicht kostendeckend angeboten. Die Einstellbetriebe befinden sich in einer Abwärtsspirale, und das geht immer zu Lasten der Pferde. Unruhe und Fluktuation sind die Folge, weil immer der noch billigere Stall ausgewählt wird.

Brauchtum –
Viel Wasser und Phantome!

**F**ür uns Pferdenarrische ist die fünfte Jahreszeit in Bayern die späte Herbstzeit: Ende Oktober beginnen für die »Rosse-rer« die Leonhardifahrten und die Umritte zu Ehren ande-rer Heiliger wie Koloman und Wendelin. Das sind Her-zensangelegenheiten. Aber vor prächtig geschmückte Pferde und frisch eingefettete Geschirre hat der Herrgott viel Schweiß und viel Logistik gesetzt – und ganz viel Wasser. Wasser, Shampoo, Bürsten, Kämme, Menschen, die störrisches Pferdehaar kneten und ausspülen und erneut waschen.

Dann werden die Abschwitzdecken übergelegt, es wird gut einge-streut und – gehofft! Gehofft nämlich, dass sich nicht ein/e Kandidat/in über Nacht ausgerechnet in die eigenen Äpfel legen wird – was mit fast hundertprozentiger Sicherheit eintreffen wird. Während die einen mit den Unwägbarkeiten des tierischen Verhaltens ringen, sitzen die anderen schon seit vierzehn Tagen zusammen und winden Girlanden für die Motivwagen und all jene Gefährte für Trachtenkapellen und Trachtenver-eine. Die Motive aus Brauchtum, Bauernleben und Bergbau haben nun seit einem Jahr brav in einem Schuppen gewartet. Sie werden nun sorg-sam hervorgeholt, darin steckt schließlich immens viel Arbeit, allein ein maßstabsgerechter Kirchennachbau ist schon deshalb diffizil, weil es vom Original meist keine Pläne mehr gibt.

Alle schaffen zusammen – am Tag aller Tage brennt die Luft. In den Ställen geht das Licht sehr früh an. Das Brauchtum ist definitiv nichts für Morgenmuffel, um vier Uhr klingelt da oft schon der Wecker.

Der Blumenschmuck für die Wagen muss frisch sein, die Pferde werden ebenfalls geschmückt. Kaltblutpferde, die eher eine spärliche Mähne haben, bekommen Zöpfe aus Bast, Schweife werden kunstvoll eingeflochten und verziert. Vor den Kutschen laufen meist Süddeutsche Kaltblüter und Haflinger, Erstere brauchen »Rosserer«. Das schöne Dialektwort bezeichnet Leute, die mit Pferden umgehen, aber es beinhaltet eben auch so viel mehr: Liebe zum Pferd und einen gewissen bayerischen Sturschädel, wenn's ums geliebte Vieh und die Tradition geht. Genau dieses eigensinnige Bewahren des Alten hat die Süddeutschen Kaltblüter gerettet!

1955 setzte das große Kaltblutsterben ein, und zwar im grausamsten Sinn des Wortes. Meist in Viererkoppeln zusammengebunden, wurden waggonweise die besten Pferde zum Schlachten gefahren. Wunderbare Zuchtstuten, vielversprechende Hengste! Nur einige wenige bäuerliche Züchter behielten ihre Pferde. Einer, der nie mit den Kalten aufgehört hatte, war Karl Holl aus Peißenberg. Als er Mitte der Fünfzigerjahre vierzehnjährig seine Lehre in Steingaden begann, fuhr er dreiunddreißig Kilometer mit dem Fahrrad zur Lehrstelle. Später mit dem Moped, und weil's im Winter so saukalt war, rannte er teils neben dem Moped her! Von sieben Uhr morgens bis sieben Uhr abends wurde beschlagen, zwölf Pferde konnten in der Schmiede nebeneinander stehen. Er liebte Pferde immer. Mangels Seilwinde fuhr er weiter mit ihnen ins familieneigene Holz. Er wurde von so manchem Bauern belächelt und verspottet, der dem Lockruf von Deutz, Eicher und Fendt gefolgt war.

Als es um die bäuerlichen Festzüge ging, lachten sie allerdings nicht mehr. Maibaumtransport zum traditionellen Aufstellen am 1. Mai mit dem Traktor? Georgi- und Leonhardifahrten auf dem Bulldog, ja der Einzug des heiligen Nikolaus für die Kinder gar im Cabrio?

> »Pferdeverstand: das, was Pferde davon abhält, auf künftiges Verhalten der Menschen zu wetten.«
>
> **OSCAR WILDE**

116

Auf einmal war einer wie Karl Holl ein gefragter Mann, wenn es um die Festzüge ging, und in den Siebzigerjahren verstummten allmählich auch ganz verschämt diejenigen, die zum Aussterben der Pferde gleich noch das Aussterben des Brauchtums prophezeit hatten.

Leonhardifahrten sind heute Publikumsmagneten. Wir sind immer gerne dabei, allein die Anfahrt bietet schon dieses Flair … Es ist wirklich jedem Pferdefreund anzuraten, bei Veranstaltungen des bayerischen Brauchtums nicht das Geschehen, sondern die Anreisevarianten zu bestaunen. Aus Hängern, die nicht mal groß genug für Jungkühe wären, schälen sich zwei Kaltblüter. Dann gibt es die Hänger, die gar keine Klappe haben, auch keine Zwischenwand. Die Schweife der Pferde sind vom Winde verweht. Und wenn die nach hinten ausschlagen?, frage ich mich ängstlich. »Dann laufen sie eben mit«, platzt der kernige Landwirt heraus und will gar nicht mehr aufhören zu lachen.

Das Phänomen des Transportminimalismus trifft man auch bei Profis an, etwa in Irland bei einem der Spring- und Military-Ställe im Zentrum der grünen Insel. Die Familie besitzt eine eigene Military-Strecke etwa fünfzehn Kilometer entfernt. Pferde werden gezäumt und gesattelt, in freudiger Erwartung will ich meinen Hunter besteigen, als man mir bedeutet, doch wieder abzusteigen. Wir reiten doch nicht da hin, wir fahren! Klappe auf, drei Pferde in voller Montur werden einfach reingetrieben. Anbinden? Nein. Wenn sich Steigbügel oder Sättel verhaken? Passiert nicht. Wenn einer Panik kriegt? Kriegen die nicht. Umfallen, das ist wahr, können die Pferde nun wirklich nicht mehr.

Pferdehaltung ist ein weites Feld – Platz genug für die Bandbreite zwischen Verhätscheln und Verwahrlosen. Da wäre beispielsweise der Hufschmied. Pferdelosen sei gesagt, dass es sich dabei um ein Phantom handelt. Es ist schwer genug, an Handwerker für den Bau heranzukommen; das ist alles nichts dagegen, wenn man versucht, einen Hufschmied anzulocken. Diese (meist) Männer ruft man wochenlang vorher an und bettelt um einen Termin. Bei einem Anruf bleibt es nicht.

Wenn einem mit viel Glück endlich ein Termin zugeteilt wurde, sitzt man in der Frühe zum besprochenen Zeitpunkt vor dem Stall und wartet. Und hofft. Und starrt auf die Uhr. Eine Viertel-, eine halbe Stunde vergeht. Eine Stunde. Soll man anrufen? Aber Hufschmiede sind ja so sensibel. Und wenn man sie zu sehr drängt, kann das eher schaden. Nach zwei Stunden ruft man dann doch an. Es sei ihm was dazwischengekommen. Wär halt grad so viel los, wegen der Ritte, wegen der Zuchtschauer etc. pp. Er verspricht, in drei Tagen zu kommen, zur gleichen Uhrzeit. Wieder wartet und bangt man, er käme vielleicht nicht!

Es stimmt natürlich, dass manche bäuerlichen Pferdehalter mit einer beneidenswerten Nonchalance gesegnet sind. Sie entlassen ihre Kaltblüter Ende April auf eine Sommerkoppel, wo diese Fohlen haben, fressen und leben wie Wildpferde. Nach Monaten, irgendwann zwei Wochen vor den Umzügen, holt man sie. Die Hufe sind jetzt platt wie Flundern. Da muss der Hufschmied ran. Und jetzt zeigt sich die Zweiklassengesellschaft.

119

Die Phantome materialisieren sich bei den Kaltbluthaltern und Haflingerleuten. Weil die ja vorrangig in den Umzug müssen – wir aber doch auch!

Ohne Zweifel: Wir ziehen keine Kapelle und keinen Trachtenverein. Und jetzt muss ich schon wieder darum bitten, genau hinzulesen! Ich stimme auch tausendprozentig zu: Seltsame Gewandungen in Fleecepullovern, Westernhüten oder auch kurzen Oktoberfestdirndln haben auf einem Brauchtumsritt nichts zu suchen! Was aber, wenn die Reiterinnen lange, für solche Anlässe extra geschneiderte Röcke und Janker tragen, und die Pferde gestickte Sonntagszaumzeuge? Ihr einziger Makel ist, ein Isländer und ein Norweger oder Shetty zu sein. Pferde, die aber gut erzogen sind, rittig und absolut ruhig bleiben. Anders als so mancher hysterischer Edelbluthaflinger! Haben die sich mal überlegt, dass ein Großteil der Besucher wegen der Kinder kommt? Und die freuen sich kindlich über Ponys aller Art.

Für die kleinen Besucher wird das Erlebnis umso größer, wenn sie hinterher auf der großen Wiese unsere Pferde streicheln und sogar drauf sitzen dürfen. Bei einem Gespann dürfen sie das nicht. Diese Kleinen aber sind die zukünftigen Rosserer! Auch Warmblüter, Ponyrassen oder Spezialpferderassen haben ein Recht auf den Segen. Sofern sie und die Reiter ordentlich hergerichtet sind. Im Reigen der Ritte gibt es sehr tolerante Veranstalter und völlig intolerante.

Aber die Welt ändert sich, und die Pferdewelt ist keine Ausnahme …

Zum Schluss

Viel ist in den Kapiteln angeklungen. Das ist natürlich kein Fachbuch, und wir können einiges nur anreißen. Dennoch widmen wir uns hier noch ein paar zentralen Fragen – zur Anschaffung, Haltung und zu ein paar tückischen Pferdekrankheiten. Drum prüfe, wer sich ewig bindet! Denn Pferde werden zwanzig bis dreißig Jahre alt.

»Der Angeber kauft zuerst die Sporen
und borgt dann ein Pferd.«
AUS LITAUEN

1 Hilfe, meine Tochter will ein Pferd!

Alle Mädels wollen ein Pferd, oftmals sind die Anschaffungskosten ja nicht das Problem. Auch wenn Totilas zehn Millionen kostet, Pferde gibt es heute schon geschenkt. Aber vor dem Erwerb stehen viele Überlegungen:

☾ **Will sie es wirklich?**
Die Tochter räumt nie ihr Zimmer auf, aber sie mistet aus, dass man vom Fußboden essen kann? Sie setzt sich mit einem Buch an die Koppel und liest in Pferdegesellschaft? Ja? Dann haben Eltern Glück, und das potenzielle Pferd auch!

☾ **Weiß das Töchterlein, dass Pferdhaltung zu etwa zwanzig Prozent Reiten und achtzig Prozent Pflege bedeutet?**
Wer Misten hasst und am liebsten immer nur im Galopp durchs Gelände prescht, geht besser weiter in die Reitstunde oder auch dorthin, wo man ambitioniert im Sport reitet. Für echte Pferdenärrinnen bietet sich ein Testdurchlauf mit einem Pflegepferd an. Normalerweise vergibt kein seriöser Pferdehalter eine echte Reitbeteiligung an Minderjährige, aber man kann sich im Bekanntenkreis umhören, ob man ein Pferd zumindest pflegen und ab und zu unter Aufsicht reiten darf. Ist der Pferdevirus noch immer unheilbar, kann man allmählich über den Kauf nachdenken, inklusive der Frage, was passiert, wenn die pferdenärrische Tochter auf einmal an der Männerwelt interessiert ist (und das kommt!) und/oder zum Studieren/in die Ausbildung geht.

☾ **Gibt es mindestens eine weitere erwachsene Person, die sich um den tierischen Kumpel kümmern kann, damit er nicht verkümmert oder einfach abgeschoben wird?**

Ist ein Stall vorhanden?

Vor dem Kauf – unbedingt vorher! – muss ein Stall gefunden werden. Von reiner Offenstallhaltung im Selbstversorgerteam ist bei Kindern/Jugendlichen abzuraten. Jeder, der einmal im Winter mit Stirnlampe (kein Strom!) und mit eiskalten Fingern versucht hat, eingefrorene Wassereimer zu schleppen, der weiß, dass auch die größte Pferdeliebe auf eine harte Probe gestellt werden kann.

Welche Rasse soll es denn nun sein?

Nicht unbedingt hochblütige Pferde (Vollblüter). Auch ein winziges Pony wird schnell zu klein. Ein älteres stoisches Großpferd eignet sich oft besser als ein freches junges Kleinpferd. Trotzdem: Hinsichtlich unkomplizierter Haltung, Trittsicherheit im Gelände und gesundem Nervenkostüm sind Kleinpferde wie Norweger oder Haflinger kaum zu schlagen. Und es sollte sich lieber um ein bereits gut ausgebildetes Tier handeln, das am besten zwischen acht und fünfzehn Jahren alt ist.

Rasse und Alter stehen fest, aber wo kaufen?

Wer nicht wirklich einen ordentlichen Erfahrungsschatz bei Pferden mitbringt, sollte von Händlern und Pferdemärkten die Finger lassen. Lassen Sie sich nicht dazu verführen, ein armes Pferd zu retten! Kleine Nebenerwerbszüchter (Verzeichnisse/Tipps über den Kleinpferdezuchtverband) sind meist am Wohl ihrer Schützlinge interessiert. Wer hier ein junges Pferd kauft, das im Herdenverband aufgewachsen ist, bekommt mit Sicherheit ein Tier, das klar im Kopf ist, unverdorben und gesund (Impf-/Equidenpass verlangen!). Bei einem solchen Kauf muss aber gewährleistet sein, dass jemand das Jungpferd trainieren kann, und zwar – ganz wichtig – zusammen mit der neuen kleinen Besitzerin! Pferde kann man auch privat kaufen. Es lohnt sich, nach den Beweggründen zu fragen: »Tochter muss zum Studieren in eine andere Stadt; Frau hat ein Baby bekommen, das eine Pferdeallergie hat, etc.«. Bei solch plausiblen Grün-

124

den kann man sicher sein, dass der Verkäufer am Wohl des Tieres interessiert ist. Bei dubiosen Gründen wie »umständehalber, zu wenig Zeit, zu wenig Geld« kann man davon ausgehen, dass auch in den vorangegangenen Monaten in der Pferdehaltung nicht alles zum Besten bestellt war.

Ist das Tier gesund?

Hat man nun Tier und Vorbesitzer ins Herz geschlossen, sollte man unbedingt einen Tierarzt zur Ankaufsuntersuchung mitbringen. Unsaubere Lungengeräusche (Allergie, Bronchitis, Dämpfigkeit) oder Hufprobleme (frühere Reheschübe) sind Ausschlusskriterien. Außerdem gilt: nie wissentlich einen Ekzemer kaufen! Am besten schaut man Pferde im Frühsommer an. Viele Isländer, aber auch andere Rassen wie Kaltblüter (auch die beliebten Tinker) haben Sommerekzem. Das ist nahezu nicht therapierbar, nur zu lindern (Tinkturen, Homöopathie, Ekzemerdecke). Ein Ekzem ist psychisch und physisch ein Horror schon für erwachsene Halter, für ein Kind aber noch viel belastender und in seiner ganzen Tragweite nicht erfassbar.

Ponys kaufen

Gerade bei den Kleinen neigen die Menschen dazu, möglichst billig einzukaufen. Ist ja bloß ein Pony! Falsch, es ist ein kleines Pferd, und der Pferdekauf bedarf aller Sorgfalt, mit der man auch ein Warmblut kaufen würde. Beim Züchter findet man »korrekte« Tiere. Auch bei den »Meterlingen« ist eine Ankaufsuntersuchung durch den Tierarzt sinnvoll. Fatal sind Mitleidskäufe auf Pferdemärkten, oft kommen riesige Lkw aus den Niederlanden – voll mit Shettys.

125

⊂ Was kostet das?

Boxenmiete: 200 Euro (Selbstversorger), ca. 400 Euro (kleinere Reitanlage), 800 Euro (noble Reitanlage), bei einem Turnierpferd rechnet man 1000 Euro/Monat an Ausgaben.

Jährliche Minimal(!)kosten
(oft werden diese Kosten um ein Vielfaches überschritten!):
Box: 1200 Euro
Tierarzt: ½ Tetanus 25 Euro; Influenza etc. 100 Euro;
Wurmkuren 80 Euro
Fliegenrepellents: 50 Euro
Fliegendecken/Kopfschutz: 50 Euro
Schmied Barfußgeher: 150 Euro
Erneuerung Sattelzeug/Putzzeug: 50 Euro
Mineralfutter: 100 Euro

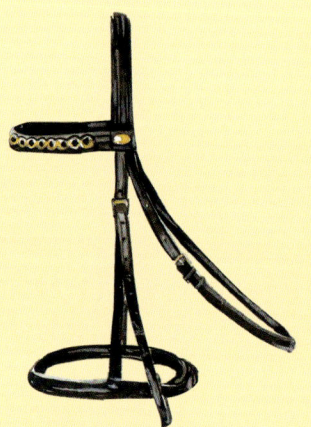

Bei eigener Haltung
Heurundballen 1,20 Meter: 35–60 Euro
Sägemehl: 12–15 Euro je Kubikmeter
Wasser- und Stromkosten nicht vergessen!
Entsorgung/Abtransport von Mist nicht vergessen!

Versicherungen
Haftpflicht: ab ca. 40 Euro/Jahr
OP-Versicherung für das Pferd: ab 9 Euro/Monat
Bei allen Versicherungen: Vergleichen, Rabatte nutzen, die Zugehörigkeit zu Verbänden mit sich bringt, Versicherungsumfang genau lesen und unbedingt einrechnen, dass Fremdreiter oder Pferdeverleih extreme Steigerungen bei der Prämie mit sich bringen.

2 Eine Sache der Haltung

Nicht jeder Stall ist für jedes Pferd geeignet, und es hilft, wenn man sich über das Wesen der Pferde Gedanken macht.

- Arttypisch für das Fluchttier Pferd sind mehrere Ruhephasen, die über den 24-Stunden-Tag verteilt sind. Pferde ruhen im Stehen, aber auch in der Bauch- und in der Seitenlage. Um in die durch schnelle Augenbewegungen gekennzeichnete tiefe und wichtige Schlafphase zu gelangen, müssen sich die Tiere ablegen. Zum Liegen bevorzugen sie trockenen und verformbaren Untergrund, auf morastigen Boden legen sie sich nicht. Bei Gruppenhaltung muss man sicherstellen, dass auch rangniedere Tiere ausreichend ruhen und liegen können.

- Unter natürlichen Bedingungen bewegen sich Pferde im Sozialverband bis zu sechzehn Stunden täglich, im Schritt zur Futteraufnahme. Pferde haben also einen erkennbaren Bedarf an täglich mehrstündiger Bewegung, das heißt: Koppelgang oder Paddocks. Kontrollierte Bewegung (Arbeit) ist dafür kein Ersatz.

- Robustpferderassen/Ponys sind sehr anfällig für fütterungsbedingte Rehe. Sie brauchen »fressfreie« Ausläufe jenseits des Koppelgangs, wo das Pony sonst nämlich vierundzwanzig Stunden staubsaugerartig frisst.

- Das angeborene Verhalten und der Verdauungsapparat des Pferdes sind auf eine kontinuierliche Nahrungsaufnahme eingestellt. Auch in Menschenobhut muss genügend Zeit und Ruhe zum Fressen zur Verfügung stehen. Pferde haben sehr unterschiedliche Fressgeschwindigkeiten, rangniedere Tiere fressen oft zu wenig, zu hastig, zu gestresst, weil ranghöhere Tiere sie wegbeißen.

- Arttypisch suchen Pferde bei ungünstigen Witterungsbedingungen (wie beispielsweise anhaltendem Niederschlag, niedrigen Temperaturen verbunden mit starkem Wind oder intensiver Sonneneinstrahlung bei hohen Temperaturen) oder hohem Aufkommen von Stechinsekten einen Witterungsschutz auf. Das geschieht unabhängig von der Rasse!

Muss man im Schneesturm draußen stehen, nur weil man ein Isländer ist? Steht man den ganzen Sommer ohne Unterstand auf einer Wiese, weil man ein Kaltblut ist?

⊂ Als ehemaliges Steppentier hat das Pferd einen hohen Licht- und Frischluftbedarf. Rassenunabhängig verfügen Pferde über eine hervorragende Thermoregulation, sie vertragen bei entsprechender Gewöhnung ohne Probleme Hitze und Kälte. Pferdeställe sollten deshalb so gebaut sein, dass eine der Außenluft entsprechende Qualität angestrebt wird.

⊂ Pferde haben ein sehr komplexes Sozialsystem. Ein Tier braucht etwa ein Jahr, um sich in einem neuen Stall wirklich zu etablieren. Ständiger Stallwechsel bedeutet Tierquälerei und Stress für das Pferd, das ständig umziehen muss, aber auch Stress für die anderen Tiere der Gruppe!

⊂ Richtlinien bei einem Pferd mit einem Stockmaß von 1,48 Metern Deckenhöhe Stall: 2,22 Meter; Liegefläche im geschlossenen Laufstall: 8,76 Quadratmeter; Liegefläche Laufstall mit Auslauf: 6,57 Quadratmeter; bei Boxenhaltung: 8,76 Quadratmeter; Mindestlänge der Schmalseite der Box: 2,59 Meter.

3 Die gelbe Gefahr

Rasmus war ein schöner Hengst. Ein Norweger in der seltenen Farbe Graufalb, ein liebes Tier, die ganz große Liebe seiner Besitzerin. Als Rasmus schlecht zu fressen begann und lethargisch wirkte, vermutete man zunächst einen Infekt. Sein Fell wurde schlechter, er fraß immer noch wenig, lief manchmal scheinbar ziellos umher. Beim Blutbild erwiesen sich die Leberwerte als katastrophal; mit allem, was noch zur Verfügung stand, versuchte man, die Leber zu stabilisieren. Auch sein Shetty-Kumpel Vierzehn war sehr krank. Präparate mit Mariendistel waren eine Option, vergeblich: Einige Tage später lag Rasmus tot in der Box. Vierzehn überlebte.

Rasmus erlag einer schleichenden Vergiftung durch Jakobs-Kreuzkraut im Heu. In den vergangenen Jahren nehmen die Flächen, auf denen sich Kreuzkräuter ausdehnen, auch in Bayern stark zu, dennoch aber ist das Wis-

sen darüber immer noch sehr gering. Dabei ist in anderen Ländern wie England, Irland oder der Schweiz die Bekämpfung sogar per Gesetz geregelt. Das Fatale an diesen Pflanzen ist, dass sie nett und harmlos aussehen, hübsche goldgelbe Blüten haben. Viele Tierhalter haben sicherlich schon einmal etwas davon gehört, glauben aber, bei uns gäbe es sie nicht. Der zweite Denkfehler lautet: »Giftiges Zeug fressen Tiere doch eh nicht.« Das mag zwar für Hahnenfuß oder Sauerampfer gelten, bei Kreuzkräutern kann man sich aber nicht sicher sein. Man kann zwar davon ausgehen, dass die Tiere älteres Jakobs-Kreuzkraut nicht fressen, solange das Futterangebot reichhaltig ist. Die Pflanzen weisen einen eigentümlichen Geruch auf und enthalten Bitterstoffe, die die meisten älteren Pferde (nicht die jungen!) davon abhalten, Jakobs-Kreuzkraut aufzunehmen. Die Jungpflanzen hingegen enthalten während der ersten sechs bis sieben Wochen noch keine Bitter-, gleichwohl aber die Giftstoffe!

Und es kommt noch schlimmer: Auch (halb)trockenes Kreuzkraut (zum Beispiel an Wegrainen nach dem Ausschneiden) ist giftig – Pferde naschen ja gerne mal am Wegesrand. Kreuzkräuter verlieren im Heu oder in der Silage ihren toxischen Charakter keineswegs!

Auf der Weide kann man die Pflanze erkennen und ausstechen, ihr eventuell sogar chemisch zu Leibe rücken. Wer sein Heu selbst macht, kennt den Bewuchs der Wiesen, aber bei den wenigsten Pferdehaltern ist das der Fall. Sie kaufen Heu zu und wissen nicht genau, woher es stammt. Heu testet man nach dem Geruch, prüft, ob es eventuell staubig oder »grablig« ist. Ob trockenes Kreuzkraut untergemischt ist, lässt sich kaum bestimmen. Im getrockneten Zustand sind ganze, ausgewachsene Jakobs-Kreuzkrautpflanzen kaum von Wiesenmargerite, Sauerampfer oder Rainfarn zu unterscheiden – von allen bleibt ein verholzter Stängel übrig. Während die Tiere getrockneten Rainfarn oder Ampfer verschmähen, fressen sie Kreuzkraut, ohne zu zögern! Auf Mähweiden tritt es meist in kleinen Bezirken und konzentriert rund um die Mutterpflanze herum auf. Das bedeutet, dass ein Großteil der Heuballen »sauber« ist, während in einigen anderen der Anteil an Jakobs-Kreuzkraut extrem hoch ist, weshalb einige Pferde den toxischen Ballen erwischen, andere aber nicht! Die Pflanze ist zudem in allen Teilen giftig, bedingt durch ihren Alkaloidgehalt. Das Jakobs-Kreuzkraut enthält sogenannte Pyrrolizidin-alkaloide (PA). Erst durch Stoffwechselvorgänge werden sie toxisch. In der Leber verändern Enzyme diese Substanz in hochwirksame Gifte, die das Lebergewebe zerstören oder Krebs auslösen sowie Erbgut (DNA) und Embryonen schädigen. Die Vergiftung verläuft schleichend. Chronische Vergiftungen können auch durch geringe Mengen über einen längeren Zeitraum erfolgen. Den höchsten Giftgehalt weisen die Blüten auf.

Die ganze Brisanz wird klar, wenn man weiß, dass das Gift sogar noch in Milch, Käse und Honig nachzuweisen ist. Eine unzureichende Gesamtdatenlage erlaubt derzeit keine exakten Angaben über die Gefährdung beim Menschen. Was bekannt ist, beunruhigt schon genug: Die letale Dosis bei Pferd und Rind ist niedrig – Rinder sind nämlich ebenfalls stark gefährdet, Leberschäden irreversibel. Die Prognose für Vergiftungen mit Jakobs-Kreuzkraut ist sehr schlecht. Die tödliche Dosis beim Pferd liegt bei vierzig bis achtzig Gramm Frischgewicht (FG) je Kilogramm Körpergewicht. Das entspricht bei einem dreihundertfünfzig Kilogramm schweren Islandpferd vierzehn bis achtundzwanzig Kilogramm FG bzw. zwei bis vier Kilogramm getrocknetem Jakobs-Kreuzkraut im Heu. Beim Rind spricht die Literatur von hundertvierzig Gramm je Kilogramm Körpergewicht. Bei einem Prozent Anteil im Heu ist diese Dosis in drei Monaten erreicht, bei zehn Prozent in zwanzig Tagen. Lediglich Schafe und Ziegen sind kaum betroffen, Lämmer hingegen schon.

Wo lauert die Gefahr?

C Generell siedelt sich Jakobs-Kreuzkraut an Wegrändern, offenen Flächen ohne viel anderen Bewuchs, Feuchtweiden und Licht an.

C Optimale Vermehrungsbedingungen findet das Jakobs-Kreuzkraut auf Weiden mit mangelnder Weidepflege und dort, wo nicht gemäht wird – eigentlich genau dort, wo Pferdeleute ihre Tiere am liebsten sehen. Auf

Pferdeweiden gibt es viel häufiger überbeweidete Bereiche und Stellen mit unbewachsenem Boden, auch Trittlöcher/Trittschäden – alles Regionen, wo das Kreuzkraut optimale Keimbedingungen findet. Oftmals werden Pferdeweiden und -heuweiden sehr spät gemäht, wenn bereits ausgeblüht ist. Da gibt es schönes langstieliges Gras, wie es der Pferdebesitzer schätzt – allerdings hat auf den betroffenen Flächen das Kreuzkraut auch ausgesamt! Langjährig extensiv beweidete Flächen sind am stärksten gefährdet.

- Jakobs-Kreuzkraut wird oft mit dem Wiesenpippau verwechselt. Es ähnelt einer Margerite mit gelben Blättern, hat also einen inneren Blütenkreis. Der Wiesenpippau besitzt keinen inneren Blütenkreis. Jakobs-Kreuzkraut hat einen lilafarbenen Stängel, Wiesenpippau einen grünen. Die Blätter des Jakobs-Kreuzkrauts sind an der Unterseite wachsartig.

Vorbeugen

- Vermeiden von Trittschäden, damit die Grasnarbe nicht lückig wird.
- Regelmäßige Übersaat und Nachsaat mit Grassamen, um Lücken im Bestand zu schließen, ehe sich das Kreuzkraut dort ansiedeln kann. Nachsaat am besten im August, wenn es warm und feucht ist und der Altbestand nicht mehr so stark wächst.
- Durch eine ergänzende Nitratdüngung von sechzig bis achtzig Kilogramm pro Hektar und Jahr lassen sich der Graswuchs fördern und damit die Kreuzkräuter zurückdrängen.
- Ausstechen hilft bei Einzelpflanzen. Verbleibt mehr als ein Zentimeter der Wurzel im Boden, treibt Jakobs-Kreuzkraut erneut aus. Möglichst nach einem ergiebigen Regen beginnen, da der Boden dann eher nachgibt und die Pflanze beim Herausziehen nicht an der Wurzel abreißt. Am besten eignen sich eine Grabegabel oder ein spezieller Unkrautstecher. Nach vier Tagen erneut auf Suche gehen – man entdeckt in kürzester Zeit nachgewachsene Jungpflanzen. Blühende und/oder samentragende Pflanzen gehören nicht auf den Mist- oder Komposthaufen, denn sie werden dort durch das Verrotten nicht vernichtet. Ganz wichtig: Handschuhe tragen!
- Der Ausbreitung des Jakobs-Kreuzkrautes kann auch entgegengewirkt werden, wenn regelmäßig zwischen Mahd und Weide gewechselt wird.
- Die chemische Bekämpfung ist eine Notmaßnahme, die in der Anfangsphase ergänzend wirkt. Das ist aber für Betriebe mit speziellen Kulturlandschaftsprogrammen gar nicht so einfach und für Biobauern eigentlich tabu. Feuchtwiesen unterliegen oft dem Naturschutz. Informationen dazu gibt es bei den örtlichen Ämtern für Landwirtschaft und Forsten.

4 Kolik – viele vermeidbare Fehler!

Eine Kolik ist eine Verhaltensveränderung, bedingt durch Schmerzen im Bauchraum. Es gilt: Ruhe bewahren, Schritt für Schritt vorgehen und vor allem: Gut und objektiv beobachten! Nicht jede Kolik muss operativ behandelt werden, bei manchen reicht ambulante Behandlung, bei anderen lässt sich der Stau auch durch Aufhängung am Nierenband und Bewegung lösen.

- Wenn ein Pferd nicht frisst, hat das meist zwei Ursachen, entweder Fieber oder eine Kolik. Hat es Fieber, handelt es sich um eine Entzündung, wenn nicht, besteht erster Kolikverdacht.
- Das Pferd wird unruhig, flehmt, wälzt sich, steht auf, legt sich ab. Das Spektrum ist groß, es gibt auch Pferde, die einfach nur ruhig liegen bleiben. Wichtig ist die Veränderung im Vergleich zum Normalverhalten.
- Den Kreislauf prüfen. Vierzig ist Ruhepuls, Kolikpferde haben einen deutlich höheren Puls, ein Stethoskop kann sich jeder Pferdebesitzer selbst anschaffen.
- Den Tierarzt rufen, der nur Buscopan spritzen sollte. Innerhalb von Minuten muss es dem Pferd besser gehen. Wenn es zwei bis drei Stunden beschwerdefrei bleibt, dann gilt Entwarnung.
- Falsch: nach einer Stunde nochmals nachspritzen (schon gar nicht starke Schmerzmittel), denn das verschleiert nur das eigentlich Problem.
- Falsch: das Pferd stundenlang zu führen. Als Mensch mit Bauchkrämpfen läuft man auch nicht herum …
- Falsch, weil blinder Aktionismus: Einläufe etc.
- Falsch: sich Hoffnungen machen, wenn das Tier äpfelt. Das kann lediglich aus dem Enddarm kommen, und das sind gerade mal zwei Meter von einem Gesamtsystem, das fünfundzwanzig Meter misst.
- Setzt nach der Gabe von Buscopan keine Besserung ein, sofort ohne Zeitverlust die Pferdeklinik aufsuchen!

Vorbeugen

⊂ Stroheinstreu ist ein Übeltäter, weil er zu siebzig Prozent aus Ballast besteht. Koliken sind eine Krankheit der modernen Boxenhaltung, Wildpferde haben sie sehr selten.
⊂ Viermal entwurmen im Jahr. Würmer sind Kolikenverursacher – gar nicht erst zu »leichten« Mitteln greifen, lieber moderne, wenn auch teure, mit weniger Resistenzen behaftete Wurmmittel nehmen.
⊂ Lieber öfter kleine Portionen füttern.
⊂ Stärker auf die Zähne achten. Schlecht zerkauter Nahrungsbrei ist auch ein Kolikenverursacher.
⊂ Immer ein Zugfahrzeug und einen Pferdehänger parat haben oder wissen, wo man schnell einen besorgen kann. Ein Großteil der Koliker stibt, weil kein Hänger da ist.
⊂ Die finanzielle Dimension bedenken. Seriöse Besitzer legen »Pferderücklagen« für Notfälle an. Pferde werden oft aufgegeben, weil eine OP zu teuer käme – was für eine zynische Haltung gegenüber einem Tier, das einem über Jahre hinweg Freude bereitet hat!

5 Hufrehe schmerzt!

Was genau beim Phänomen Rehe abläuft, darüber streiten sich die Gelehrten seit Langem. Als gesichert gilt nur, dass es bei dieser Krankheit zu einer Zusammenhangstrennung von Röhrchen- und Lamellenhorn im Huf kommt. Als wahrscheinlichste Erklärung gilt eine plötzliche Mangeldurchblutung des betroffenen Areals, was zu einer Unterversorgung führt und damit ein Absterben der Lamellen nach sich zieht.

Das Gras allein oder der Korb Äpfel sind nie schuld; bei der Rehe kommen mehrere Faktoren zusammen: Das Pferd bringt eine Disposition mit, eine Vorerkrankung, oder es ist bereits geschwächt. Dann scheint die Darmsymbiose gestört zu sein, die Darmwand wird durchlässiger, und Toxine wandern in die Blutbahn, was zu Vergiftungen führt.

Auf Spekulationen bauen zu müssen, ist für Mediziner unbefriedigend, aber dem Pferdebesitzer nutzt das noch viel weniger. Er ist oft wie aus heiterem Himmel, ohne Vorwarnung, mit einem Tier konfrontiert, das augenscheinlich schlimmste Schmerzen hat und im typischen Rehestand dasteht, die Vorderbeine nach vorne versetzt, die Hinterbeine zur Entlastung unterm Körper. Schmerzbedingt stehen manche Pferde nicht mehr auf.

Wie man auch vorgeht, wichtig ist eine Therapie, die Schritt für Schritt greift. Rehe ist brandgefährlich, und das oberste Ziel muss lauten, auf jeden Fall zuerst einmal den Kreislauf zu durchbrechen. Das heißt: Aufstallung mit weichem tiefem Einstreu, Low-Energy-Fütterung mit gutem Heu. Als Einstreu ist auch feuchter kalter Sand in der akuten Phase empfehlenswert. In Polen stellte man von Hufrehe befallene Pferde mangels anderer Therapiemöglichkeiten einfach mehrere Tage in ein fließendes Gewässer oder in kalten Sand. Eine etwas fortgeschrittenere Methode, die sich für hiesige Verhältnisse besser eignen dürfte, sind kalte Güsse über einen Zeitraum von mindestens zwanzig bis dreißig Minuten. Es gibt eine Reihe von alternativen Methoden, aber um es nochmals in aller Deutlichkeit zu sagen: Im Internet zu recherchieren kann wichtige Impulse geben, aber jedes Tier ist ein Individuum mit seiner ganz speziellen Geschichte und kann nicht nach Schema F therapiert werden!

Die schulmedizinische Akuttherapie reagiert mit Aufgussverbänden, Aspirin zur Blutverdünnung und einem Antiphlogistikum gegen Entzündungen. Die Gabe von Schmerzmitteln wird kontrovers diskutiert, aber die auf Rehe spezialisierten Tierärzte halten diesen Schritt für dringend notwendig, weil Schmerz einen Adrenalinausstoß verursacht, der die Durchblutung weiter reduziert, was sich fatal auswirkt. Röntgenbilder sollte man nach etwa zehn Tagen machen, sie zeigen, wie weit die Senkung bzw. Rotation des Hufbeins fortgeschritten ist.

Von »Senkung« spricht man, wenn das Hufbein in seiner Gesamtheit im Huf zur Sohle hin verlagert ist. Bei der Rotation ist das Hufbein nach vorn gekippt heißt, dass die Hufbeinspitze gegen die Sohle drückt.

Als nächster Schritt kann eine Korrektur des Hufs erfolgen, indem man beide Hufe in einen Gips oder Castverband stellt. Die Sohle wird damit an der Hufbeinspitze entlastet und das Gewicht auf die Trachten umgelegt.

Sind die Symptome abgeklungen, ist es Zeit für einen professionellen Rehebeschlag, bei dem die Hufwand vorn weiter abgeschrägt wird, das Pferd mit Silikonpolstern und einer Platte unter dem Eisen sozusagen schwebend gestellt wird, damit es keinen Druck mehr verspürt. Ein guter Hufschmied oder Hufpfleger arbeitet eng mit dem Tierarzt zusammen, der über Erfahrung mit Rehepferden verfügt und individuelle Lösungen parat hat. Das kann beispielsweise auch die amerikanische Methode sein, Eisen verkehrt herum aufzubringen. Die Idee dahinter: die Hufspitze zu entlasten und jeden Druck wegzunehmen. Findige Hufschmiede nehmen auch »normale« Eisen, schneiden im Hufspitzenbereich ein Stück heraus, verstärken mit einem Steg und verfeinern damit die »amerikanische Methode«.

Vorbeugung

C Generell immer am Morgen Heu füttern, wegen des Verdünnungseffekts!

C In kritischen Phasen Fresskörbe anwenden.

C Für regelmäßige Bewegung des Tiers sorgen.

C Übergewicht unbedingt vermeiden.

C Emotionalen Stress (ständige Stallwechsel) vermeiden.

C Nur gutes Pferdeheu und etwas Mineralfutter füttern, Kraftfutter ist meist unnötig.

C Impfungen und Wurmkuren (Kotproben nehmen und prüfen, ob überhaupt entwurmt werden muss) überdenken, viel hilft nicht immer viel, sondern kann sehr oft die gegenteilige Wirkung haben.

C Ein überhitztes Pferd nie sofort viel kaltes Wasser saufen lassen. Das kann nämlich zu Magen- und Darmentzündungen führen, und danach zur Rehe!

6 Die Geißel namens EOTRH

Auch über diese Krankheit ist noch wenig bekannt. Erst seit man auf ältere Pferde mehr achtet und Zähne beim Pferd kontrolliert werden, entdeckt man verstärkt Veränderungen. Dazu trägt bei, dass heute fast alle Tierärzte ein mobiles Röntgengerät besitzen und so Veränderungen feststellen können. EOTRH steht für *Equine Odontoclastic Tooth Resorption and Hypercementosis* und ist ein zahnauflösender Prozess, bei dem die Schneide- und Hengstzähne sowie der Kieferknochen zerstört werden. Es kommt zu massiven Veränderungen der Zähne und zu einem Rückzug des Zahnfleisches. Der Körper versucht, die geschädigten Zahnbereiche zu stabilisieren, und lagert zunehmend Zahnzement um die Wurzel ab, das heißt, die Wurzeln wuchern im Kiefer. Da der Prozess unter dem Zahnfleischniveau abläuft und der sichtbare Zahnbereich meist noch gesund erscheint, wird EOTRH oft zu spät diagnostiziert.

Im späteren Stadium haben Pferde Probleme beim Abbeißen von hartem Brot oder Möhren. Sie zeigen eventuell Eiterbläschen oder kleine rote Punkte im Zahnfleisch, das auch verdickt und wulstig sowie gerötet aussieht. Manche Tiere wehren sich, wenn man das Maul anfasst. Auf die Dauer leidet das gesamte Immunsystem, der Prozess wird sehr schmerzhaft. Anfangs verabreichte man Antiobiotika, die auch auf die Knochen wirken – ohne Ergebnis. Heute wählt man eine auf den ersten Blick radikale Lösung: Zähne ziehen, denn es ist besser, die Tiere haben keine Zähne, als Dauerschmerzen!

Bei früh diagnostizierter Erkrankung ist es manchmal möglich, die vorhandene Zahnsubstanz vital zu erhalten, das heißt, die Schneidezähne werden eingekürzt und die Druckbelastung wird minimiert. Auf die Frage, was nun besser sei, die Zähne zu ziehen oder das Tier einzuschläfern, kann man keine pauschale Antwort geben. Natürlich ist bei einem alten Pferd ein Zahnverlust hoch belastend. Andererseits kenne ich genug Pferde, die gut ohne Schneidezähne zurechtkommen, sie kauen und mahlen schließlich mit den Backenzähnen. Natürlich kann das Tier dann kein Gras mehr zupfen, aber wer die Fütterung umstellt, wird einem Pferd noch einige Jahre schenken.

Es zählt immer das Individuum, und in jedem Fall muss ein Experte ehrlich die Risiken aufzeigen. Häufig sind Robustrassen betroffen, die den Schmerz leider erst sehr spät nach außen tragen. Ein Pilzpäparat aus fünf verschiedenen Pilzarten scheint den Prozess etwas abzumildern, ebenso wirkt sich Shiitake-Pilzpulver wohl positiv aus.

Früherkennung ist daher das Allerwichtigste, denn die Prognose bei einmal ausgebrochener Krankheit ist im Grunde nie gut.

7 Brauchen Pferde Pullover?

Man sieht häufig Mumien: Pferde, in Daunen gewandet, wärmer als jeder Polarforscher! Im Winter immer, in den Übergangszeiten auch, und an jedem kühleren Tag. Der Mensch hat kein Fell oder Federkleid, das jahreszeitlich angepasst schützt und wärmt. Menschen, die selbst furchtbare Frostbeulen sind, vermenschlichen ihre Tiere und übertragen die eigenen Bedürfnisse auf Heimtiere, vor allem auf ihre Pferde. Das Pferd ist ein Weidetier, dessen ursprünglicher natürlicher Lebensraum die offenen Steppen waren. Für diese niederschlagsarmen Gebiete sind heiße Sommer und sehr kalte Winter charakteristisch. Die Extremtemperaturen von Sommer und Winter zeigen eine Spanne von über 90 °C. Das Temperaturoptimum von Tieren unterscheidet sich deutlich von dem des Menschen. Bei Pferden liegt es um 5 °C, dann fühlen sie sich am wohlsten. Die Wohlfühltemperatur des Menschen liegt dagegen bei 22 °C! In jedem Körper laufen biochemische Reaktionen ab, die notwendig sind, um Organe funktionsfähig zu halten. Alle Stoffwechselvorgänge werden von Enzymen unterstützt, die nur in einem engen Temperaturbereich funktionieren. Während der Mensch heute Funktionskleidung hat, musste das Pferd in seiner Evolution effektive Mechanismen entwickeln, um seine Körpertemperatur konstant zu halten.

Bei Pferden, die das ganze Jahr über Temperaturreizen ausgesetzt sind, liegt der Temperaturbereich, in dem sie für die Aufrechterhaltung der Körpertemperatur keine zusätzliche Energie (das bedeutet: keine zusätzliche

Nahrung) brauchen, zwischen −15 °C und 25 °C. Das ist die sogenannte »thermoneutrale Zone«. Erst wenn die Umgebungstemperatur unter −20 °C fällt, muss das Pferd für die Aufrechterhaltung der Körpertemperatur zusätzliche Energie aufbringen. Das gilt durchaus für Warmblüter oder Araber, bei Haflingern oder anderen Robustpferderassen liegt die untere Grenze der thermoneutralen Zone sogar noch tiefer.

Für den Wärmetransport an die Oberfläche und die Wärmeabgabe spielt der Kreislauf die größte Rolle. Die Wärme wird über das Blut in die Haut transportiert, und in kalter Umgebung nimmt die Durchblutung der Haut ab. Diese Abkühlung kann fast den Gefrierpunkt erreichen. Die Haut und das Unterhautfettgewebe wirken aber als Isolierschicht für den Körper. Das Haarkleid der Haut wirkt durch die eingeschlossene Luft zusätzlich gegen Auskühlung. Der Schutz vor Kälte ist beim Pferd sehr gut geregelt, es gehört zu den Tieren, die sich durch effektive Thermoisolation am besten an unterschiedlichste Temperaturen anpassen können.

Weil der Mensch einen modischen Pullover zu schätzen weiß, bekommt sein Pferd auch einen in Form einer tollen Decke in Modefarben – aber es besitzt doch schon ein Winterfell! Die Natur hat es so eingerichtet, dass Pferde vor allem aufgrund der sich verändernden Tageslänge, der Lichtbedingungen und auch aufgrund der Temperatur anfangen, ihr Fell zu wechseln. Das Winterfell schützt die Pferde dann ausgezeichnet: Die Haare liegen dachziegelartig übereinander. Die empfindlichen, haarlosen Hautstellen werden durch die Schweifrübe (einer aus fünfzehn bis einundzwanzig Wirbeln bestehenden Verlängerung der Wirbelsäule, die mit dem an ihr wachsenden Langhaar den Schweif bildet) abgedeckt. Hautfett macht das Fellkleid zudem wasserabweisend.

Pferde stellen sich dann unter, wenn sie es für nötig halten und die Gelegenheit dazu haben. Sie brauchen die Wahlmöglichkeit, sprich einen Unterstand, einen Waldrand oder einen großen, ausladenden Baum. Im Winter sieht das anders aus, dann haben die Bäume kein Laub mehr, und sie bieten keinen Wetterschutz. Keinen Schutz anzubieten ist fahrlässig, denn bei den

ersten kalten Herbstregen stehen viele Pferde dann zitternd auf ihren Weiden. Muskelzittern ist eine Möglichkeit, Wärme zu erzeugen. Tagelanger Regen durchnässt aber auch Robustpferde bis auf die Haut. Im kalten Herbstregen kommt oft noch Wind dazu, der Verdunstungskälte an der Körperoberfläche erzeugt. Dann kapituliert jedes Pferd, das Immunsystem kann dem Erregerdruck, der immer vorhanden ist, nicht mehr standhalten. Im schlimmsten Fall mündet die Erkältung in eine Lungenentzündung. Auch ein durch Arbeit nass geschwitztes Pferd kann sich in Zugluft und besonders beim Hängertransport ohne Decke erkälten. Rasse- und altersbedingt ist die Kältetoleranz unterschiedlich, man muss, wie so oft, das Individuum beobachten. Ob ein Pferd tatsächlich ausgekühlt ist, zeigen die Ohren an. Wenn das untere Drittel nicht warm ist, ist das Tier ausgekühlt. Es gibt also Situationen, die für eine Decke sprechen, aber ein gesundes Pferd im Winterfell braucht keinen Pulli!

Achtung, Falle: Beim Reiten entsteht durch die Muskelarbeit Wärme. Diese muss abgeleitet werden, auch im Winter. Überhitzung droht nicht nur im Sommer! Bis das dicke, hervorragend gegen Wärmeverlust isolierende Winterfell mancher Pferderassen durchgeschwitzt ist und über Verdunstung Wärme nach außen abgibt, kann die Körpertemperatur des Pferdes schon gefährlich hohe Werte erreichen. Insbesondere Robustpferde wie Haflinger schwitzen nach: Man kommt mit einem trockenen Pferd vom Reiten, eine Stunde später ist es klatschnass und steht nun in der Zugluft. Eine Abschwitzdecke aus Fleece hilft, aber sie darf nur so lange aufgelegt werden, bis die Poren die Feuchtigkeit nach oben durchgelassen haben, danach ist die Decke ein schädlicher feuchter Wickel. Man muss sie womöglich mehrfach wechseln, Winterreiten bedeutet eben mehr Zeitaufwand!

Epilog

**E**s hätte so viel mehr zu erzählen gegeben, jeder Tag steckt voller Geschichten. Irgendwo lauern immer das leichte Lachen und manchmal eben auch bleischwere Gedanken. In all den Jahrzehnten mit den Geschöpfen des Nord- und des Westwinds habe ich dazugelernt. Durch meine journalistische Arbeit für Pferdemagazine und die wöchentliche Tierseite im »Münchner Merkur« durfte ich viel recherchieren, ich lernte großartige Tierärzte und Pferdemenschen kennen. Natürlich traf ich auch selbstgefällige Trottel und angebliche Tierschützer, denen es nur ums Ego ging, oder auch Schädlinge, die gefährliche Tipps gaben und ungesundes Halbwissen verbreiteten oder sich in Internetforen beweihräucherten.

Ich wünsche mir natürlich, dass viele meiner kritischen Randnotizen zur Reiterwelt in diesem Buch etwas bewirken. Die meisten Tierbesitzer handeln aus Unwissen, sie wollen das Gute und tun das Falsche. Manche haben keine Zeit. In einer Welt voller Fun und Events müsste man in einem Wochenendkurs reiten lernen und ein Pferd in zwei Monaten zur tackernden Funktionsmaschine machen. Liebe Leute, ein Jahr ist gar nichts! In einem Jahr seid Ihr die Hälfte der Tage schlecht drauf, genervt, verzweifelt oder aggressiv. Wie wollt Ihr einem Tier an solchen Tagen Vertrauen und Zuversicht einflößen, das binnen Sekundenbruchteilen eure Laune spiegelt?

In einer Welt, in der Selberdenken und Selbermachen ihren Charme verlieren, wo es auch schon Apps für den korrekten Klobesuch gibt, sucht man Hilfe: in Lehrvideos, im Internet, bei Pferdegurus.

Ihr dürft euch das gerne anhören, aber am Ende gibt es zwei Individuen: das Pferd und den Menschen, beide einzigartig und geprägt von ihren Genen und Vorerfahrungen. Es gibt keine Rezepte, glaubt nicht einfach alles, was man Euch erzählt!

Am Ende stimmt es schon: Willst du einen Tag glücklich sein, dann trinke. Einen Monat? Dann heirate. Willst du ein Leben lang glücklich sein? Dann kauf dir ein Pferd. Oder mehrere.
Wenn dieses Buch ein wenig Schmunzeln, ein wenig Augenschmaus und auch ein wenig mehr Wissen vermittelt hat, dann sind wir, Katharina Rücker-Weininger und ich, Nicola Förg, auch ein ganz klein wenig froh!

»Wer die Wahrheit sagt, braucht ein schnelles Pferd.«
CHINESISCHES SPRICHWORT

143

© 2015 Rosenheimer Verlagshaus GmbH & Co. KG, Rosenheim
www.rosenheimer.com

Die Texte stammen von Nicola Förg (www.ponyhof-prem.de).

Die Titelillustrationen sowie die Illustrationen im Innenteil wurden
von Katharina Rücker-Weininger gezeichnet (www.ruecker-art.de).

Satz und Lektorat: VerlagsService Dietmar Schmitz GmbH, Heimstetten
Scan und Bildbearbeitung: Dieter Stragenegg, Kolbermoor
Druck und Bindung: FIRMENGRUPPE APPL, aprinta druck, Wemding
Printed in Germany

ISBN 978-3-475-54474-3